AF260382

SOUVENIRS

SUR LE

PRYTANÉE DE SAINT-CYR

SUR

LA CAMPAGNE DE 1814,

LE RETOUR DE L'EMPEREUR NAPOLÉON

DE L'ILE D'ELBE,

ET

LA CAMPAGNE DE 1815, PENDANT LES CENT-JOURS;

PAR M. LEFOL,

Trésorier de l'École impériale spéciale Militaire de Saint-Cyr,
Ancien Aide-de-Camp du général de division baron Lefol, sous
Napoléon I.er.

VERSAILLES,

IMPRIMERIE DE MONTALANT-BOUGLEUX,

6, AVENUE DE SCEAUX.

1854

A MON FILS.

Mon cher Charles,

En jetant négligemment sur le papier, et pour moi seul, ou plutôt pour toi, ces souvenirs épisodiques d'une époque qui restera à jamais mémorable, j'étais loin de penser qu'ils recevraient les honneurs de l'impression. J'avais trop le sentiment de mon infériorité pour y prétendre.

Mais, soit que l'intérêt du fond ait racheté, dans cet écrit, les faiblesses de la forme, soit que la grandeur des événements ait communiqué au narrateur un certain degré de verve que la nature n'avait pas mis en lui, quelques amis ont désiré posséder une copie de mon opuscule. L'impression était l'unique moyen de les satisfaire, et si je m'y suis décidé, c'est parce que j'ai pensé que plus tard, c'est-à-dire bientôt, lorsque cette génération de notre premier Empire sera éteinte, toi, mon cher ami, tu éprouveras sans doute quelque plaisir à retrouver cet écrit qui te rappellera que ton nom, bien que modeste, mais entouré d'un certain reflet de gloire par ton oncle, est lié, non sans quelque distinction, aux remarquables événements d'un temps unique dans l'histoire.

Cela m'aura aussi donné l'occasion de signaler quelques traits honorables de la vie du général Lefol, que sa modestie a laissé ignorer.

Je ne mets pas en doute, mon cher enfant, que cette publicité ne t'encourage à soutenir l'honneur de ce nom, en continuant, comme tu l'as fait jusqu'ici, à suivre une vie irréprochable. La tâche te sera facile si tu nourris constamment dans ton cœur les sentiments honnêtes dont tu as été doué par la nature, et qui, je l'espère, ne t'abandonneront jamais.

Ton père et meilleur ami,

LEFOL.

SOUVENIRS

SUR

LE PRYTANÉE DE SAINT-CYR, ETC.

SAINT-CYR.

L'idée de la fondation d'un Prytanée Français dans les bâtiments de Saint-Cyr est due à Lucien Bonaparte, ministre de l'Intérieur. Cet établissement fut dans le principe destiné à recevoir, non-seulement les enfants des militaires morts au champ d'honneur, mais encore ceux de tous les hommes ayant rendu des services à la patrie, dans toutes les classes de la société.

C'est en 1802, je crois, que le Prytanée de Saint-Cyr reçut ses premiers élèves, qui tous étaient pensionnaires du gouvernement. Il eut pour premier chef, ou proviseur, le savant Crouzet, poète et littérateur distingué; les professeurs, qui pour la plupart appartenaient à l'ancienne Université, étaient des hommes remarquables : il me suffira de citer les noms de Deguerle, le célèbre traducteur d'Horace ; Lefebvre, poète dramatique et auteur de plusieurs tragédies ; Fleury de l'Ecluse ; les mathématiciens Hauchecorne et Bourdon, etc. ; aussi, pendant les premières années, les études des élèves les plus âgés y étaient-elles fortes, et le Prytanée fournit dès-lors une foule d'hommes distingués dans l'armée, la magistrature, l'administration et le barreau.

Lorsque j'y entrai en 1804, à l'âge de sept ans, le Pry-

1

tanée Français comptait de sept à huit cents élèves, qui n'avaient pour les surveiller que deux vieux capitaines retraités (Colsin et Colin) et quelques maîtres de quartier. Mais si les grands profitaient avec avantage des leçons que leur donnaient leurs savants professeurs, il n'en était pas de même des petits, car ils manquaient des soins que réclamait leur jeune âge : battus par leurs maîtres, et, de plus, obligés chaque jour, n'importe le temps, de faire l'exercice avec des fusils appropriés à leur taille, c'est à peine s'il leur restait assez de forces pour suivre leurs leçons avec fruit ; le seul moment où ils eussent pu espérer quelque repos dans la cour des jeux, qui alors était garnie de jardins, était empoisonné par les mauvais traitements que leur faisaient endurer les élèves âgés, en les contraignant à soigner la portion de terrain appartenant à chacun d'eux.

Après la bataille d'Austerlitz, l'Empereur, qui avait des vues sur le Prytanée qu'il aimait et qu'il appelait déjà du nom de berceau des braves, vint nous visiter à l'improviste. Réunis à la hâte dans la cour principale, nous fûmes rangés en carré, et Napoléon, que nous reçûmes avec enthousiasme, nous passa en revue. Sans doute il s'attendait à trouver là des jeunes gens ayant les allures guerrières et initiés aux premiers éléments du métier, comme à l'ancienne école militaire où il avait été élevé : quelle fut sa surprise lorsqu'il les vit commandés par de vieux officiers se servant de leur canne en guise d'épée, et qui ne purent même les former en bataille ; je me souviens qu'on fit prendre les armes aux plus grands et qu'ils ne purent exécuter la charge précipitée. Dès-lors, voulant réaliser les desseins qu'il avait formés, il résolut de substituer le régime militaire à celui qui existait, et il nous envoya le bon général Duteil, le commandant Caire, plusieurs capitaines de la garde impériale, entre autres MM. Olagnier-Laverny et Pertuisot; des adjudants, des fusils et des canons.

Les élèves qui se destinaient à la carrière des armes à laquelle ils préludaient déjà par des semblants de combats particuliers, ou même division par division (1), acclamèrent avec bonheur ce nouveau régime. Cette transformation se fit avec une telle promptitude, que Saint-Cyr fut comme par la vertu d'une baguette de fée changé en Prytanée militaire : il s'était couché collége, il se releva caserne.

Notre habillement subit alors quelques changements pour être plus en harmonie avec notre nouvelle situation, et voici celui que l'on substitua à l'ancien : de gros souliers, des bas bleus, un culotte en drap bleu de roi descendant jusque au-dessous du genou, et arrêtée par quatre boutons et une boucle, un habit bleu à revers rouges, et un énorme chapeau à trois cornes. Cet uniforme, vu séparément, avait quelque chose de bizarre; mais lorsque nous étions en rangs il paraissait moins ridicule.

Cependant, il est certain que les études eurent à souffrir de cette métamorphose : les meilleurs professeurs partirent, et un peu plus tard, M. Crouzet lui-même fut nommé proviseur au lycée Charlemagne. Avec eux disparut la majeure partie des élèves qui se destinaient à une autre carrière que celle des armes.

Une circonstance que je ne puis oublier, c'est que le

(1) Les bulletins de la grande-armée, que l'on nous lisait chaque fois que l'Empereur avait remporté une victoire, exaltaient tellement notre jeune imagination, que, par imitation, nous voulions aussi nous mesurer entre nous. Une classe en provoquait une autre, et dans un temps donné nous nous réunissions sur les carrés, où nous nous battions avec un acharnement vraiment déplorable; beaucoup d'élèves sortaient de là blessés, et je me rappelle qu'un de nos camarades mourut des suites d'un coup de pierre qu'il avait reçu à la tête dans une de ces rencontres.

jour de cette visite de Napoléon au Prytanée, tout le monde étant réuni dans la cour des classes, aujourd'hui la cour de Rivoli, au milieu de laquelle se trouvait un bel arbre de la Liberté, qui alors n'était guère de saison et dont l'Empereur ordonna la chute (1), l'impératrice Joséphine, assise à l'ombre de cet arbre et entourée d'une suite nombreuse, fit venir près d'elle les deux fils de l'amiral Bruyx, qu'elle caressa, et auxquels Napoléon dit à haute voix, de manière à être entendu de nous tous, ces paroles flatteuses : « Mes enfants, votre père était le premier marin de notre siècle, ne l'oubliez jamais ! »

Après la revue et pendant que l'Impératrice était allée dans un petit appartement au rez-de-chaussée, près de la chapelle, où elle trouva une collation qu'on avait improvisée à son intention, l'Empereur alla visiter les classes, et voici une anecdote dont le Prytanée devint le théâtre ce jour-là ; elle est racontée par le spirituel et modeste M. Montalant-Bougleux, de Versailles dans un écrit intitulé *Saint-Cyr* :

« En entrant dans la classe de rhétorique, l'Empereur

(1) Dans cette même cour, il existait aussi une construction qui était adossée au mur extérieur de la chapelle, en face de la porte d'entrée, et dont on s'était servi pour établir les prisons ; sur sa façade on avait peint un grand aigle aux ailes déployées. Les catalpas, qui sont aujourd'hui en partie sur l'emplacement de ces anciennes prisons, et les platanes de l'avenue qui conduit extérieurement de la porte d'entrée de l'Ecole à l'Infirmerie, ont été plantés en 1809 par les élèves, d'après les ordres du général Bellavène.

Une particularité que je ne dois pas oublier de citer, c'est la vénération que nous avions pour la borne qui se trouve placée à la droite de l'entrée de la voûte en sortant de la cour de Rivoli, du côté et près de la salle actuelle des permissions ; c'est sous cette borne, dit-on, que furent posées la première pierre de l'établissement, ainsi que les médailles frappées en mémoire de cet événement.

trouve la chaire occupée, non par un professeur, mais par un élève; il demande explication de cette particularité; on lui apprend que le professeur Deguerle est malade et qu'il a cru devoir se faire suppléer par un de ses élèves, grâce à la bonne opinion que l'enfant a donnée de son intelligence. Napoléon s'assied alors dans la chaire auprès du suppléant imberbe et l'écoute faire sa leçon, puis lui-même prend la parole, et interroge le jeune rhétoricien sur les Tropes en homme qui n'a pas plus oublié les préceptes élémentaires de l'art de persuader les hommes, que ceux de l'art de vaincre et de gouverner. A l'issue de cette séance impériale, le monarque-professeur demanda à son collègue d'un moment à quoi il comptait s'occuper quand il serait dans le monde : *A chanter votre gloire,* répondit le jeune homme, qui devint depuis le poète Pierre Lebrun, l'auteur de *Marie Stuart.* »

L'Empereur vint aussi dans ma classe et nous interrogea sur la grammaire et la mythologie; lorsqu'il était content d'un élève, il le lui témoignait en lui frappant légèrement la joue avec le revers de la main, et cette faveur devenait pour celui d'entre nous qui en était l'objet une marque de distinction qu'il conservait auprès de ses camarades pendant tout le temps qu'il restait au Prytanée.

Une particularité assez singulière, c'est que cette classe où l'Empereur vint nous visiter est aujourd'hui mon bureau, et que la place que j'y occupais comme élève, il y a près de cinquante ans, est précisément la même où j'exerce à présent les fonctions de Trésorier de l'Ecole militaire.

L'appartement où l'Impératrice avait été prendre une collation était celui qu'avait habité la fondatrice de la maison, madame de Maintenon. Louis XIV avait destiné à cette dame celui du premier étage, aujourd'hui occupé par le général commandant l'École; mais celle-ci voulut en faire l'Infirmerie des demoiselles, et elle prit pour demeure les quatre petites pièces qui se trouvent au-dessous. Cet appartement, que l'on peut appeler historique, à cause du personnage qui l'a habité et des résolutions qui y ont été prises, est maintenant le mien; il a été coupé dans sa hauteur de façon à former un rez-de-chaussée et un entresol, il a encore ses boiseries anciennes et une partie de l'armoire treillagée en laiton, qui servait de bibliothèque à madame de Maintenon, et dans laquelle sont renfermés mes livres.

Dans cet appartement de Saint-Cyr, ce n'était pas uniquement le soin de sa correspondance qui occupait madame de Maintenon, c'était aussi celui des affaires publiques, où le roi voulait qu'elle entrât; il s'y renfermait souvent avec elle, loin de ses ministres, de ses courtisans, de sa famille, et dans cette chambre, si modeste, il a été donné des avis, cherché des moyens, pris des résolutions qui ont influé sur les destinées de la France (1).

Ce ne fut que le 30 août 1715, la surveille de la mort de Louis XIV, que madame de Maintenon s'installa pour le reste ses jours dans ce petit logement, où, le 11 juillet 1717, le czar Pierre-le-Grand vint lui faire cette visite qui se passa d'une manière assez brutale. L'histoire rapporte que le czar, entr'ouvrant les rideaux de l'alcôve où était couchée madame de Maintenon, dit en la voyant : « Tiens, ce n'est que ça ! » C'est dans cette même alcôve, que j'occupe aujourd'hui, qu'elle rendit le dernier soupir, le 16 avril 1719, à l'âge de quatre-vingt-quatre ans. Ses restes

(1) THÉOPHILE LAVALLÉE. *Histoire de la Maison royale de Saint-Cyr*.

furent déposés dans la chapelle; mais en 1793, son corps fut tiré du cercueil et traîné par les rues du village; ses membres furent ensuite abandonnés dans un coin du cimetière. En 1805, ils furent inhumés dans la cour dite de Maintenon, sur laquelle on a vue de la chambre à coucher de cette femme célèbre. L'utilité de cette cour ne comportant plus le maintien du mausolée, ces précieux restes furent exhumés quelque temps après. Le clergé du village, réuni à celui du Prytanée, et les élèves rassemblés autour de ce tombeau, ajoutèrent une certaine pompe à cette cérémonie. Je me rappelle que c'était un nommé Rochard, notre gardien des prisons d'alors, qui tenait le drap dans lequel les ouvriers employés à creuser la terre déposaient les ossements qu'ils y rencontraient. Ces restes furent placés dans un coffre qui fut oublié pendant bien des années dans un coin du bureau de l'économat, et comme il n'était pas même fermé, j'avoue qu'un jour j'en dérobai un petit os que j'envoyai comme relique à un de mes parents en Bretagne. Enfin, en 1836, M. le général Baragauy-d'Hilliers, commandant l'École militaire, fit construire dans la chapelle un mausolée en marbre noir, dans lequel on renferma ce petit coffre. Sur ce modeste monument est inscrit seulement cette épitaphe : « Cy-gît madame de Maintenon. 1635. 1719. »

Dans ce même logement de madame de Maintenon, j'ai fait cette année une découverte assez intéressante : en enlevant, pour la réparer, la boiserie qui est près de ma cheminée, j'ai trouvé derrière, dans une petite fente de la muraille, deux lettres parfaitement conservées, d'une écriture très lisible, datées du 4 juillet 1708 et signées des noms d'Aumale et Pissaleux. Ces lettres, qui étaient restées là depuis madame de Maintenon, témoignent de l'affection des demoiselles envers leur bienfaitrice; je les conserve comme un objet de curiosité, ainsi qu'une petite médaille à l'effigie de Louis XIV qui était renfermée dans l'une d'elles.

En 1806, après la bataille d'Iéna, l'Empereur, profitant de l'esprit militaire du Prytanée, en fit sortir soixante élèves en qualité de fourriers : Desaix, Lefol, Martel, de Grivel, Bourbaky, Marbouty, Joubert, etc., etc., étaient de ce nombre ; ils rejoignirent à Berlin leurs régiments, et après la campagne de 1807, ils furent nommés sous-lieutenant. Tous sont morts aujourd'hui, la plupart au champ d'honneur, après avoir atteint des grades supérieurs.

En 1807, la chapelle actuelle, coupée dans sa hauteur et séparée dans le milieu du haut en bas, formait quatre grandes pièces, savoir : au rez-de-chaussée, la chapelle où existe aujourd'hui le chœur ; à la suite, une belle salle de dessin ; au-dessus, celle de l'armement, et dans le prolongement de celle-ci, la salle de la distribution des prix, où l'on avait élevé un théâtre. C'est dans cette dernière pièce, qu'à la distribution des prix de 1807, l'on joua le petit drame de *Fortunas,* ou *le Nouveau d'Assas,* que notre directeur des études, M. Crouzet, avait composé pour être joué par ses élèves.

Au siége de Dantzig, tombé au milieu d'un parti russe, qui, pour surprendre les nôtres, criait : Ne tirez pas, nous sommes Français ! et menacé d'être tué s'il parlait, Fortunas, qui était sergent d'infanterie, s'écria : Tirez, mon capitaine, tirez, ce sont des Russes ! Notre directeur choisit ce sujet, comprenant tout le parti qu'il pourrait tirer d'un si noble trait de dévouement pour exalter l'enthousiasme

militaire des élèves ; aussi ce drame eut-il un retentissement
et un succès prodigieux. L'élève Aupick, aujourd'hui général de division et sénateur, fut chargé du rôle de Fortunas, avec lequel il s'identifia si bien, que ceux qui l'ont vu
jouer se rappellent encore l'effet qu'il produisit.

Me trouvant invité à dîner, il y a deux ans, chez un de
mes parents, à Paris, avec le général Aupick, qui revenait
de son ambassade de Constantinople, je l'abordai en lui
récitant ces premiers vers de son rôle de Fortunas, que nous
tous, anciens élèves du Prytanée, avons retenus :

> Oui, malgré les vaisseaux, malgré l'or des Anglais,
> Dantzig va succomber sous les coups des Français ;
> L'invincible Lefebvre assiége ses murailles,
> Le nom de ce héros illustre cent batailles, etc., etc.

Le général parut très ému de mon attention, et je remar-
quai que, malgré la haute position qu'il occupe dans le
monde, j'avais touché la corde sensible de son cœur, en
reportant ses souvenirs au temps de ses premiers triom-
phes ; car déjà à cette époque M. Aupick remportait tous
les prix au Prytanée et promettait de devenir ce qu'il est
aujourd'hui, une de nos gloires militaires, et l'un de nos
diplomates les plus distingués. Pendant tout le temps que
dura le dîner, notre conversation roula sur Saint-Cyr et
sur nos anciens condisciples, qui, à l'exception de bien
peu, ont disparu de la scène du monde.

Au mois de décembre de cette année 1807, le sergent
Fortunas (le vrai Fortunas) vint au Prytanée et fut conduit
au réfectoire pendant que nous dinions ; lorsque M. Crouzet, qui lui faisait les honneurs de cette visite, fut à la
hauteur de ma table, il prit mon verre et but à la santé du
brave militaire, qui répondit aussitôt à ce toast en en portant un autre à l'intention du Prytanée. A la sortie du ré-

fectoire, nous entraînâmes Fortunas dans notre cour des jeux, et la chaleureuse et sympathique ovation qu'il reçut de nous dut être pour lui une récompense plus douce que toutes celles dont il avait été l'objet pour son dévouement magnanime.

Employé comme fonctionnaire dans cet établissement de Saint-Cyr depuis le 25 décembre 1815 (1), après y avoir été élève, je semble n'y rester que pour y conserver ses traditions; aussi pourrais-je raconter une foule d'anecdotes.

(1) Après la rentrée en France de Louis XVIII, on réorganisa l'Ecole de Saint-Cyr sur un nouveau plan. On créa, à partir du 1.er janvier 1816, une Ecole préparatoire, pour former le noyau de l'Ecole spéciale, qui y fut enfin rétablie le 15 septembre 1818, telle qu'elle existe dans ce moment.

Voici les noms des généraux sous les ordres desquels je me suis trouvé à Saint-Cyr :

BELLAVÈNE, commandant l'Ecole spéciale militaire et inspecteur des Ecoles militaires de. . . . . 1803 à 1815.

DUTEIL, commandant le Prytanée de. . . . . 1806 à 1814.

Comte D'ALBIGNAC, commandant l'Ecole prépara-toire de. . . . . 1816 à 1818.

et l'Ecole spéciale militaire de . . . . . 1818 à 1821.

Vicomte OBERT, commandant l'Ecole spéciale mi-litaire de. . . . . 1821 à 1823.

Comte DURFORT, — . . . . . 1823 à 1827.

Prince DE BROGLIE-RÉVEL, — . . . . . 1827 à 1830.

LENOIR, — du 5 août 1830 au 30 dudit.

Baron DE RICHEMONT, — . . . . . 1830 à 1834.

Comte BARAGUAY-D'HILLIERS, — . . . . . 1834 à 1841.

CAMINADE, — . . . . . 1841 à 1842.

TARLÉ, — . . . . . 1842 à 1846.

DE RICARD, — . . . . . 1846 à 1849.

SALLEYX, — du 20 janvier 1849 au 5 avril 1849.

ALEXANDRE, général de division, commandant ac-tuel de l'Ecole spéciale militaire depuis le 6 avril 1849.

plus intéressantes les unes que les autres, sur le Prytanée et l'Ecole spéciale militaire; mais comme ce n'est pas là la tâche que je me suis imposée, je laisse ce soin à d'autres, qui, d'ailleurs, s'en acquitteront mieux que moi, pour indiquer de quelle manière notre départ de Saint-Cyr fut effectué.

En 1808, un décret du 24 mars, daté de Saint-Cloud, ordonna la translation du Prytanée de Saint-Cyr à La Flèche, et celle de l'Ecole spéciale de Fontainebleau à Saint-Cyr. Le Prytanée fut réduit de sept cents élèves à quatre cents, et ceux qui ne furent pas désignés pour La Flèche furent dispersés dans tous les lycées de l'Empire. En conséquence de ce décret, le général Bellavène, accompagné d'un commissaire et d'un officier du génie, arriva à La Flèche dans les premiers jours d'avril 1808, pour prendre connaissance de la situation matérielle de l'établissement, et sur le rapport qu'il en fit au ministre, une somme assez considérable fut allouée pour subvenir aux réparations les plus urgentes et aux travaux préparatoires nécessaires au casernement de quatre cents élèves. Le voyage de tout le personnel, élèves, officiers, professeurs, etc., se fit avec une précision minutieuse et une rapidité remarquables, dues aux instructions détaillées du ministre de la guerre, Clarke. En exécution de ces ordres, le dédoublement du Prytanée de Saint-Cyr commença le 26 mai 1808, et s'opéra en neuf détachements successifs de trente élèves chacun, surveillés par un officier et un maître de quartier, et transportés par des charrettes placées en relais sur la route de Saint-Cyr à La Flèche. Chaque détachement devait faire deux relais par jour, et par conséquent ne rester que quatre jours en route; le dernier, dont je faisais partie, quitta Saint-Cyr le 3 juin, à quatre heures du matin, et arriva le 7 dans l'après-midi à La Flèche, où les autorités, réunies aux élèves déjà arrivés, nous attendaient pour nous recevoir ; de ce jour l'Ecole de La Flèche fut installée définitivement (1).

Parmi les élèves distingués sortis du Prytanée de Saint-Cyr et de La Flèche, on cite : MM. Odillon-Barrot, le comte Lehon, Abbatucci, aujourd'hui ministre de la Justice, les poètes Lebrun et Arnault, les deux frères Dreux de Brézé, dont le cadet est évêque, le comte Malher, aujourd'hui préfet de la Moselle, le célèbre écuyer vicomte d'Aure (2), les généraux Aupick, Regnault de Saint-Jean-d'Angély, Guillabert, Baraguay-d'Hilliers, Bertrand, Desaix, Sillègue, Noël, etc., etc.

Le lieutenant-colonel Thiroux, qui exerce à l'Ecole de Saint-Cyr des fonctions spéciales depuis plus de vingt-huit années, est aussi un ancien élève du Prytanée. Les ouvrages qu'il a publiés sur l'Artillerie l'ont placé dans un des premiers rangs parmi les auteurs qui ont traité ce sujet.

CAMPAGNE DE FRANCE EN 1814.

En traçant ces quelques lignes, je n'ai nullement la prétention d'apprendre du nouveau sur les événements de cette

(1) Clère.

(2) En 1811, à La Flèche, d'Aure eut le croup, et il fut si près de mourir, que notre musique militaire, où j'étais grosse caisse, avait déjà répété la marche funèbre qu'elle devait exécuter à son enterrement. Heureusement, une crise eut lieu qui le sauva. Il fut ainsi rendu à l'affection de ses camarades dont il était aimé à cause de son caractère franc et jovial qu'il a toujours conservé depuis.

époque ; j'étais alors trop jeune, trop enfant même, pour comprendre les manœuvres exécutées pendant cette mémorable campagne. Mon intention est seulement de citer les principales batailles et les combats livrés par l'empereur Napoléon et auxquels j'ai assisté auprès de lui avec le général Lefol, mon oncle ; mais je ne veux aucunement entrer dans le détail des causes qui les avaient provoqués. C'est un souvenir que je veux laisser à mon fils, afin que plus tard, lorsqu'il entendra parler de cette guerre si glorieuse pour nos armes, il puisse dire : mon père était là ; il a assisté à la sublime agonie de cette belle armée qui n'avait pas sa rivale dans le monde.

Je tiens aussi à honneur de citer les noms des maréchaux et généraux auprès desquels mes fonctions d'aide-de-camp me mirent en relation, tels que les maréchaux : duc de Raguse, duc de Reggio, duc de Dantzig, duc de Bellune, prince de la Moskowa. Les généraux Kellermann, Ricard, Montmarie, de France, Friant, Duhesme, Piré, Excelmans, Sébastiani, etc., etc. Tous ces noms illustres appartiennent maintenant à l'histoire, et des pages entières ne suffiraient pas pour peindre les vertus militaires de ces braves défenseurs de notre belle patrie, dont les traits d'abnégation et d'intrépidité sont encore présents à ma mémoire.

Sorti en novembre 1813 du Prytanée de La Flèche avec le grade de sous-lieutenant dans le 100.ᵉ régiment d'infanterie de ligne, j'obtins un congé de quelques semaines avant d'aller rejoindre mon corps.

A cette époque il fallait, comme aujourd'hui, avoir passé à l'Ecole spéciale de Saint-Cyr pour obtenir le grade de sous-lieutenant ; c'est donc par exception que je reçus l'épaulette sans avoir rempli cette condition, et en voici le motif : l'Empereur ayant demandé qu'on envoyât de Saint-Cyr un certain nombre d'officiers, qu'on ne put entièrement compléter, le généra! Bellavène, commandant l'Ecole spéciale et inspecteur-général des Ecoles militaires, vint à La Flèche, fit sortir des rangs plusieurs élèves auxquels il fit commander le bataillon, et les trois premiers de ceux qui réussirent le mieux à le contenter, obtinrent la faveur d'être nommés officiers ; j'étais l'un des trois.

A la fin de l'année 1813, après la campagne qui fut pour nous si désastreuse, l'Empire marchait à sa dissolution, et la France elle-même allait se voir menacée dans son existence. Les armées étrangères ayant organisé une coalition formidable dans le courant de cette année, se donnèrent rendez-vous du 20 au 25 janvier 1814, dans les plaines de la Champagne, entre Châlons et Troyes. L'empereur Napoléon, de son côté, avait prescrit aux maréchaux de se concentrer pour la même époque vers Châlons, en fixant le centre d'action de l'armée française à Vitry-le-Français. Ainsi, vers la fin de janvier, dès que Napoléon apprit que les coalisés allaient opérer leur jonction dans la Champagne, pensant que le moment d'agir était arrivé, il partit dans la nuit du 25 janvier pour aller combattre avec soixante-dix mille hommes les armées ennemies évaluées de deux cent cinquante mille à trois cent mille combattants.

Ayant reçu l'ordre, comme tous les officiers qui étaient dans ma position, de rejoindre mon régiment, alors en garnison à Metz, je me fis délivrer une feuille de route. Je quittai donc Saint-Germain-en-Laye et ma famille le 25 janvier pour me rendre à mon poste ; mais, arrivé à Châlons, je ne pus passer outre, attendu que la route était déjà interceptée par les troupes étrangères dont les détachements approchaient de cette ville. Je fus un moment incertain sur ce que j'avais à faire ; je me décidai cependant à aller me mettre à la disposition du commandant de la place, lorsque, par un hasard heureux, je rencontrai le général Lefol, mon oncle, qui, jugeant de mon embarras, prit sur lui de m'emmener à Vitry, où il avait ordre de se rendre auprès de l'Empereur. Vitry était sa ville natale ; c'est là qu'il avait sa femme, ses enfants, son domicile ; en y arrivant j'y fus reçu par ma famille avec le plus grand empressement.

Le 27 janvier, Napoléon arriva à Vitry ; le général s'étant présenté à lui, fut immédiatement attaché à son état-major avec plusieurs autres généraux qui se trouvaient comme lui sans commandement. La pensée de l'Empereur, en nommant à son état-major un nombre d'officiers-généraux hors de proportion avec l'effectif de ses troupes, était sans doute dans la prévision de parer aux vides que la campagne qu'il allait entreprendre devait laisser dans les rangs de ses généraux.

L'aspect de Vitry le 27 janvier présentait le spectacle le plus animé et le plus bizarre. La majeure partie de l'armée occupait la ville ; devant chaque régiment des voitures, remplies d'objet d'équipement et d'armement, étaient rangées afin de fournir aux conscrits qui arrivaient en masse les uniformes des corps dont ils allaient faire partie. A peine arrivés à leurs compagnies, ces pauvres jeunes gens se déshabillaient en plein air et choisissaient, en échange de leurs vêtements de paysans, la capote de soldat ; on les armait du fusil que les sous-officiers leur apprenaient de suite à charger, car le temps manquait pour leur apprendre l'exercice. Beaucoup de ces soldats improvisés, ne trou-

vant pas d'habits à leur taille, partirent le soir même comme
ils étaient venus, et plusieurs de ces malheureux étaient
déjà tués le lendemain à Saint-Dizier, sans avoir eu la satisfaction, avant de mourir, de porter l'uniforme français.

L'Empereur quitta Vitry avec ses troupes le 27 janvier,
et de ce jour commença cette mémorable campagne de
1814, la plus habile que Napoléon ait exécutée malgré ses
affreux résultats; car l'armée, qui n'était composée en
grande partie, à part la garde, que de conscrits, soutint
pendant trois mois d'hiver, malgré les misères et les privations les plus rudes, la lutte la plus opiniâtre et la plus
disproportionnée dont ait jamais parlé l'histoire.

Ayant quelques préparatifs à faire avant notre départ,
nous ne pûmes suivre l'armée ce jour-là. Le général Lefol
m'ayant attaché provisoirement à sa personne pour lui servir d'aide-de-camp pendant la campagne que nous allions
entreprendre, me fit cadeau d'un cheval, et comme mon
uniforme de fantassin n'était plus en rapport avec les nouvelles fonctions dont je venais d'être investi, je tâchai de
le modifier tant bien que mal en changeant mon schakos
contre un claque, comme on en portait alors, et mon épée
contre un sabre, qui était si lourd, que je le laissai quelques jours après sur le champ de bataille de Montmirail,
pour prendre à sa place celui d'un officier de chasseurs qui
avait été tué. Mon accoutrement, bien que bizarre, ne paraissait cependant pas trop ridicule, attendu que, pendant
ces temps de guerre, les généraux, pour remplacer auprès
d'eux les officiers d'état-major que les boulets emportaient,
choisissaient presque toujours des officiers d'infanterie pris
au hasard dans les corps qui se trouvaient sous leur main.
Bientôt ce costume, demi-fantassin, demi-cavalier que je
portais, me fit si bien connaître des soldats, que ceux-ci,
par l'habitude qu'ils avaient de me voir, me désignèrent

par le sobriquet d'*aide-de-camp du* 100.e, en ajoutant à cette dénomination l'épithète d'*oiseau de mauvais augure*, et cela, parce qu'il arrivait souvent que les ordres que j'allais transmettre aux chefs de corps consistaient à les faire partir subitement des bivouacs où, à peine installés après de pénibles fatigues, ils commençaient à reposer; quelquefois aussi, c'était au moment où ils allaient réparer leurs forces épuisées, en prenant leur nourriture, que j'arrivais inopinément leur faire renverser la marmite, dont les éclaboussures m'arrivaient directement, traduites par des injures et des menaces, comme si j'eusse été la cause de leur déception.

Nous partîmes de Vitry le 29 janvier 1814 au point du jour, avec une escorte de quelques cavaliers. Je quittai le confortable de la maison de ma tante pour entreprendre cette pénible campagne que je suis encore étonné d'avoir pu suivre jusqu'au bout, car j'étais si jeune, — j'avais dix-sept ans, — et si chétif de complexion, qu'en vérité je considère comme un miracle d'en être revenu. Dans les premiers jours, j'avoue que j'eus peur de céder aux souffrances que me faisaient endurer le froid excessif de la saison et le régime d'une nourriture insuffisante, souvent presque nulle; mais le visage sévère de mon général que j'avais continuellement devant les yeux, la vue de ces malheureux conscrits, jeunes comme moi, enrôlés avant l'âge, et qui avaient à lutter contre des souffrances bien autrement affreuses que les miennes, me firent prendre courage, et l'habitude de cette vie aventureuse m'aidant, je pus rester à mon poste jusqu'à la fin de la campagne.

BRIENNE. — Partis de Vitry le 29, nous marchâmes toute cette journée à travers les champs labourés, dans la neige, où, en certains endroits, nos chevaux avaient peine à se soutenir, et nous n'arrivâmes à Brienne que le soir, au moment où les Français, qui se battaient depuis plusieurs heures, enlevaient le château, dont les escaliers, les cours étaient jonchés de cadavres, et lorsque tous les corps se trouvaient pêle-mêle. C'était moins une bataille qu'une boucherie, éclairée par l'incendie de la ville, qui brûlait avec d'autant plus d'intensité, qu'elle était construite presque toute en bois. Les Russes et les Prussiens défendaient Brienne avec autant de courage que nos troupes en déployaient pour l'enlever. Le combat fut si acharné, que les rues, les places, les vergers étaient, comme l'intérieur du château, encombrés de morts et de blessés. Malgré le feu de notre mousqueterie, des obus, des canons, malgré les efforts de la jeune garde et les charges de notre cavalerie, qui augmentaient l'horreur de ces mêlées, l'ennemi se maintint dans les faubourgs pendant plus de deux heures encore, et je me souviens qu'à travers les flammes on voyait des femmes, des vieillards, des enfants qui abandonnaient leurs habitations détruites pour aller, au cœur de l'hiver, se réfugier dans les bois voisins. Ce ne fut que vers onze heures du soir que ce carnage cessa.

Nous ne prîmes aucune part à cette bataille dont nous ne vîmes que la fin. Seulement le général Lefol faillit être victime de sa témérité, pour s'être avancé seul trop loin dans la ville. Au moment de la dernière charge de cavalerie, son cheval fut heurté si violemment par le choc de ceux qui chargeaient l'ennemi, qu'il tomba en entraînant avec lui son cavalier, mais sans lui faire d'autre mal qu'une écorchure à la jambe.

Dans cette journée Napoléon s'exposa plusieurs fois pour relever le courage de ses soldats; des Cosaques abordèrent son escorte, et il eût été pris sans la bravoure que plusieurs officiers mirent à le défendre.

Cette bataille causa des pertes considérables aux deux

armées : trois mille tués ou blessés de chaque côté restèrent sur le champ de bataille. Le général Baste fut tué, le
général Ducoux mourut le lendemain de ses blessures, le
prince de Neufchâtel reçut un coup de lance à la tête, et
le général Lefebvre-Desnouettes fut mis hors de combat.
Le général Blücher, commandant en chef l'armée ennemie,
faillit être enlevé avec son état-major dans le château
lorsque les Français s'en emparèrent.

Le matin de cette journée, au moment où l'on délogeait
les Prussiens de Maizières, petit hameau près de Brienne,
le curé s'en échappa et vint se porter à la rencontre de
Napoléon, qui retrouva en lui un de ses anciens maîtres
d'étude. L'Empereur le prit pour guide et lui fit donner
un cheval. Le soir, ce brave curé était méconnaissable
sous la boue qui couvrait sa soutane; il était à pied, son
cheval ayant été tué derrière Napoléon.

Napoléon passa la nuit à Maizières et revint le lendemain matin à Brienne, qui n'était plus, à l'exception du
château, qu'un monceau de cendres.

C'était à Brienne que l'Empereur avait fait ses études;
aussi le lendemain de la bataille plusieurs habitants, qui
prétendaient l'avoir connu enfant, briguèrent l'honneur de
lui être présentés. Parmi eux se trouvait, disait-on, un
vieillard, l'ancien maître d'écriture de Napoléon, qui saisissait cette occasion pour venir le remercier de la pension
qu'il avait bien voulu lui accorder depuis déjà plusieurs
années.

Ce fut à Brienne que j'entendis le canon pour la première
fois, et l'impression que j'en éprouvai fut d'autant plus
vive, que je voyais les résultats d'une bataille à laquelle je
n'avais pris aucune part.

Parqué la nuit dans une mauvaise bicoque, auprès d'une
ferme, dans laquelle on avait transporté des blessés qu'on

y pansait; étourdi par les lamentations et les cris déchirants de ces pauvres soldats sur lesquels on pratiquait de douloureuses opérations, j'étais tombé dans un état de stupeur qu'augmentait encore l'appréhension où j'étais de ne pouvoir vaincre cette pénible sensation; heureusement dès la pointe du jour l'on m'envoya en ordonnance faire diverses courses qui dissipèrent peu à peu ce supplice de la nuit, et qui me préparèrent à supporter, aussi bien que cela est possible, l'épreuve redoutable du baptême de feu que je reçus le lendemain, 1.er février, à La Rothière.

A cette occasion, je crois pouvoir assurer qu'il n'est donné à personne d'assister à une première affaire sans être saisi d'une terrible émotion causée par le sentiment de la conservation. Les militaires qui soutiendraient le contraire, ou se tromperaient, ou bien oublieraient ce qu'ils ont ressenti dans un pareil moment. J'ai connu un officier-général très distingué, qui nous avouait franchement que chaque fois qu'il allait au feu, il lui arrivait un inconvénient très désagréable, et sur-tout fort incommode en pareille circonstance.

LA ROTHIÈRE. — Le 1.er février eut lieu la bataille de La Rothière. L'empereur Napoléon commanda en personne son armée, et les alliés eurent à leur tête l'empereur Alexandre, le roi de Prusse et le prince de Schwarzemberg.

Vers midi, des masses d'ennemis se présentèrent devant La Rothière, où la presque totalité de notre armée était en position; ces dispositions annoncèrent qu'une bataille rangée allait se livrer. La neige, en tombant, rendait le temps très obscur, et quoique Napoléon eût reconnu que l'ennemi était au moins trois ou quatre fois plus nombreux que nous, il engagea l'action. Plusieurs fois nos soldats prennent et reprennent l'église de la ville; sur tous les points l'on fait feu à bout portant, la même bravoure éclate des deux côtés ; mais enfin, nos divisions, écrasées par le nombre, sont renversées ; la constance des alliés triompha de tous les obstacles, et le champ de bataille leur resta, après, toutefois, que l'Empereur eut fait incendier La Rothière, afin d'opérer plus facilement la retraite de l'armée. Tous nos blessés tombèrent, faute de moyens de transport, entre les mains de l'ennemi à Brienne, et furent abandonnés dans les décombres encore fumants de la ville.

Cette victoire que les alliés remportèrent sur l'armée française nous fut d'autant plus funeste, qu'elle eut pour effet, non-seulement de redoubler leur ardeur, mais aussi de décourager certains généraux et officiers supérieurs, et la désertion exerça de fâcheux ravages : les conscrits jetaient leurs armes, disparaissaient dans les bois, et beaucoup regagnaient leurs foyers.

Dans cette journée, le général Lefol eut un moment la direction d'une colonne d'attaque, qui fut décimée presque aussitôt.

Notre perte fut considérable, six mille hommes tués ou blessés, et environ cinquante pièces de canon. Les généraux Marquet et Forestier furent tués, et plusieurs autres blessés. Malgré leurs succès, les alliés perdirent autant de monde que nous.

L'Empereur ordonna la retraite de son armée sur Troyes.

TROYES. — Arrivé à Troyes le 3 février, Napoléon fut forcé d'abandonner la ville le 6 et d'effectuer sa retraite sur Nogent avec l'armée accablée de fatigue ; et comme aucune précaution n'avait assuré la subsistance dans ce pays, ces deux jours de marche forcée coûtèrent à l'armée un grand nombre d'hommes qui restaient dans les villages et dans les fermes, et qui furent presque en totalité faits prisonniers par l'ennemi. Cette retraite eut lieu la nuit, par un temps affreux, sur des chemins impraticables; c'est peut-être de toute la campagne le moment où nous avons le plus souffert. Accablés de lassitude, nous dormions presque tous sur nos chevaux, qui se guidaient d'eux-mêmes, et lorsque nous ouvrions les yeux, nous apercevions comme des ombres se croisant en tous sens autour de nous, et d'où partaient des coups de feu dirigés sur notre colonne; c'étaient des Cosaques qui nous suivaient de si près, que souvent leurs chevaux frôlaient les nôtres. Ils se servaient aussi de leurs lances, qu'ils pointaient au hasard contre nous, et malheur alors à ceux qui en étaient atteints; n'ayant pas de moyens pour transporter nos blessés, nous étions certains qu'aussitôt notre colonne passée ces malheureux étaient achevés par l'ennemi. Au point du jour, nos canonniers trouvèrent une lance si bien enfoncée dans le bois d'un de leurs caissons, que l'on eut toutes les peines du monde pour l'en arracher; le Cosaque qui l'avait dirigée là, ne pouvant sans doute pas la retirer, l'avait abandonnée. Cette lance était d'une longueur démesurée, et si lourde, que nous ne pouvions pas comprendre la facilité avec laquelle ces gens-là se servaient de cette arme.

Le lendemain de cette marche forcée, on ne voyait sur cette route et dans les fossés que des fusils, des schakos et des gibernes que les conscrits y avaient jetés afin de marcher avec plus de facilité. Beaucoup de ces malheureux, accablés par la misère et les blessures, tourmentés par les besoins de la vie, expiraient d'inanition ou de douleur sur la route. Bref, la désorganisation était effrayante.

CHAMPAUBERT. — Le duc de Raguse enlève Champaubert le 10 février. N'ayant plus de retraite, les Russes se dispersent, une partie se noie dans un lac; infanterie, artillerie et bagages courent à travers les champs et sont sabrés par nos cuirassiers. Des grenadiers russes qui avaient voulu tenir bon, sont foudroyés par la mitraille et mettent bas les armes au nombre de deux mille. Quinze cents ennemis, dont cinquante officiers, restèrent sur le champ de bataille, et toute leur artillerie resta en notre pouvoir.

Au plus fort du combat et après le désordre qui est la suite inévitable d'une charge de cavalerie, plusieurs officiers de notre état-major, au nombre desquels je me trouvais, furent séparés de la troupe, et sans le secours que nous reçûmes d'un escadron de lanciers polonais de la garde, nous étions pris, et par conséquent exposés à mille dangers auxquels, par exception, j'eusse peut-être échappé, grâce au talisman que je portais sur moi... Voici l'explication de cette énigme :

Avant mon départ pour l'armée, ma mère m'avait conduit chez madame la princesse de Chimay pour lui faire mes adieux. Cette excellente et respectable femme me portait le plus vif intérêt. En pensant aux fatigues que j'allais avoir à supporter, et dans un but d'extrême bienveillance à mon égard, elle se mit à son bureau et écrivit devant moi à son neveu, M. le comte de Langeron, commandant en chef un corps russe. Après m'avoir remis sa missive, en me faisant promettre de la garder, elle me dit : « Si par hasard tu étais fait prisonnier, va trouver mon neveu, donne-lui ce papier, et il ne t'arrivera pas malheur. » Je ne voulus pas d'abord recevoir cette lettre; mais par respect pour la princesse, et sachant en cela être agréable à ma mère, à qui l'instinct maternel faisait entrevoir l'avenir, je l'acceptai, comptant bien n'en pas faire usage. De retour à la maison, ma mère la fit coudre dans une des doublures de mon habit, de sorte que je la portai sur moi pendant toute la campagne. La cavalerie ennemie qui avait failli nous prendre faisait partie du corps commandé par le comte de

Langeron, c'est ce qui m'a fait dire plus haut que j'avais sur moi un talisman.

Cette journée de Champaubert, si honorable pour l'Empereur, fut peu meurtrière pour nous ; nous n'eûmes que cinq cents hommes tués ou blessés. Le général Lagrange reçut une blessure à la tête. Napoléon se logea dans une chaumière à l'entrée de Champaubert et fit dîner avec lui les généraux faits prisonniers.

MONTMIRAIL. — Le matin du 11 février, l'Empereur arriva avec la division Ricard et la vieille garde à Montmirail ; la bataille s'engagea aussitôt, et après cinq heures de combat, le succès paraissait encore indécis, lorsque Napoléon, placé au milieu de la route, fit charger la cavalerie de la garde. Toutes les fois qu'un régiment passait devant lui, il le saluait du cri de : Vive l'Empereur ! et il partait aussitôt pour fondre sur l'ennemi.

Les Russes pêle-mêle, généraux, officiers et soldats, écrasés et vaincus, se retirèrent en désordre sur la route de Château-Thierry, en laissant six mille des leurs tués, blessés ou prisonniers, lorsque nous n'avions à regretter que deux mille hommes. Les soldats ennemis, dispersés dans les bois en cherchant à regagner leur armée, pillaient tout ce qui leur tombait sous la main ; aussi, les habitants des campagnes, obligés de s'armer pour la défense de leurs foyers, et poussés au désespoir par les cruautés de ces bandes, en tuèrent considérablement.

Les gardes-d'honneur se conduisirent admirablement à Montmirail et contribuèrent au succès de cette journée. Les généraux Michel et Boudin furent blessés, ainsi que presque tous les officiers de la division Ricard.

Cette victoire ranima le moral des troupes et fit bien vite oublier nos désastres de La Rothière.

Nous bivouaquâmes sur le champ de bataille, et nous

eûmes le bonheur de trouver une bicoque où mon général put reposer à son aise sur un mauvais matelas.

C'est le soir de cette journée, que le maréchal duc de Dantzig, dont le bivouac touchait le nôtre, me pria d'écrire au crayon sous sa dictée un billet dont le style bref, saccadé, faisait deviner le caractère de l'homme qui le dictait. Ce mot devait être remis à un officier supérieur, dont la troupe appartenait au corps du maréchal et qui était séparé de nous par un parti considérable de Russes. Lorsque le maréchal eut fini, il prit de mes mains ce billet qu'il rendit, en le pliant, le plus petit possible; et ayant fait demander un homme de bonne volonté parmi les cavaliers polonais qui se trouvaient auprès de nous, plus de vingt de ces militaires se présentèrent devant lui. Désignant alors par un signe de tête celui qu'il pensait être le mieux monté, il lui dit : « Voici un papier qui doit être remis avant le jour « à tel officier ; mais pour le joindre tu auras à traverser la « ligne ennemie. Tu es jeune, brave, et tu as un bon che- « val ; tu réussiras. Si cependant, contre toute attente, « tu étais pris, tu avalerais le billet, afin d'éviter qu'il « tombât entre les mains de l'ennemi. Tu me comprends, « n'est-ce pas ? » — « Oui, mon maréchal. » — « Eh bien ! « à cheval et bonne chance. » A peine le maréchal Lefebvre, duc de Dantzig, finissait de donner ces instructions, que le cavalier, fier d'avoir été choisi pour courir à une mort presque certaine, nous quittait, emporté par le galop de son cheval.

CHATEAU-THIERRY. — Le 12 février, Napoléon prend la route de La Ferté, et le 13 au matin nous entrons avec lui à Château-Thierry, que l'ennemi quitte en même temps en faisant sauter le pont ; mais les habitants, échappés aux horreurs du pillage, cherchent à le réparer malgré le feu des Cosaques qui, laissés en tirailleurs, s'opposaient à sa reconstruction. La population, heureuse de notre arrivée, se mêle à nos soldats qui sont reçus comme des frères, et les paysans, dont les maisons avaient été incendiées, s'emparant des fusils qui avaient été laissés sur le champ de bataille, poursuivent avec nos troupes les Alliés dont plus de deux mille périrent.

Nous restâmes toute la journée du 13 à Château-Thierry, et pendant que nous dînions, l'on vint nous dire que l'on entendait au loin la trompette de l'ennemi : c'était l'annonce d'un parlementaire que le général prussien envoyait au commandant de la place. L'on donna l'ordre aussitôt de faire cesser le feu, et deux officiers que j'accompagnai furent chargés d'aller recevoir ce parlementaire auquel nous bandâmes les yeux pour le conduire au logement du maréchal ***. Le but de sa mission était de demander au général français l'évacuation immédiate de la ville par sa troupe; mais comme celui-ci ne voulut pas y consentir, nous reconduisîmes l'envoyé prussien hors de la place, avec les mêmes formalités qu'à son entrée. Comme nous avions reçu l'ordre de lui faire faire des détours dans la ville afin qu'il prît le change sur son étendue, nous fûmes suivis pendant tout notre trajet par une foule d'enfants et de femmes qui l'insultèrent de la manière la plus grossière, et nous eûmes toutes les peines du monde à le garantir d'excès plus graves.

Bref, après l'avoir ramené à l'endroit où une heure auparavant nous l'avions pris, nous retirâmes le mouchoir qui couvrait ses yeux, et nous le quittâmes après avoir rempli à son égard notre devoir avec toute la courtoisie convenable. La trompette ayant donné le signal du retour de l'officier parlementaire, la fusillade recommença de plus belle (1).

(1) Je crois que ma mémoire me fait défaut au sujet de cette histoire de parlementaire que je cite comme étant arrivée à Château-Thierry, tandis que peut-être ce fait eut lieu ailleurs.

Vauxchamps. — Le 14 février, Napoléon fait attaquer le village de Vauxchamps par le duc de Raguse, et la cavalerie de Grouchy met en désordre l'infanterie de Blücher, pendant que l'artillerie de la garde, avec cinquante bouches à feu, achève de mettre le trouble dans les rangs ennemis.

Pendant ce combat sanglant, l'ardeur des Français fut souvent excitée par la présence de l'Empereur; et le duc de Dantzig, le prince de la Moskowa, les généraux Bertrand, Grouchy, le prince de Wagram, restèrent constamment à la tête de leurs colonnes. Nous ne quittâmes pas l'Empereur d'un instant pendant cette journée, dans laquelle le général Lefol se rendit si utile en entretenant par son exemple le courage des soldats.

Les Français perdirent peu de monde comparativement aux Prussiens, qui avouèrent trois mille cinq cents hommes hors de combat, deux mille prisonniers, quinze pièces de canons et dix drapeaux. Le général Lion, de la garde impériale, fut blessé.

L'Empereur et le prince de la Moskowa allèrent bivouaquer avec la Garde à Montmirail, et les débris de l'armée ennemie firent leur retraite sur Châlons.

Napoléon avait remporté en six jours quatre victoires, en détruisant successivement les cinq corps de l'armée de Silésie qui se dirigeaient sur Paris, et cela, malgré les forces de l'ennemi trois fois plus considérables que les nôtres.

Mormant. — Le 17 février, à la pointe du jour, l'Empereur, à la tête de l'armée, marche sur Mormant, qui est attaqué par le général Gérard, tandis que la cavalerie des généraux Kellermann et Milhaud tourne le village que de nombreuses batteries foudroient. Le même jour vers trois heures de l'après-midi, Valjouan, après un combat qui dure peu de temps, tombe aussi en notre pouvoir. Le résultat de ces deux combats fut pour l'ennemi une perte de trois mille hommes et de quatorze pièces de canons. L'endroit où s'était livrée la principale action était semé de débris d'armes, de bonnets russes et de vêtements de Cosaques. Notre cavalerie, fatiguée par deux jours de marches forcées, dut renoncer à profiter du succès de cette journée.

MONTEREAU. — Le général Gérard, ayant reçu de l'Empereur l'ordre de diriger l'armée comme il l'entendrait, ordonne au général Château d'attaquer l'ennemi qui s'était rangé en bataille auprès de Montereau; mais cette attaque n'ayant pas réussi, et le général Château étant tombé mort frappé d'une balle, Gérard fait mitrailler les ponts avec deux batteries de la garde, et sème la mort et le désordre dans l'armée ennemie. Alors Napoléon, jugeant qu'il fallait frapper un dernier coup, se met à la tête de ses troupes avec son état-major dont nous faisions partie. Aussitôt trente mille soldats et soixante pièces de canons s'avancent en même temps et montent sur le plateau qu'occupent les Alliés. Ceux-ci, vivement poursuivis en même temps par notre cavalerie, se précipitent dans la ville, où les habitants, aigris par les mauvais traitements qu'ils avaient endurés pendant leur séjour à Montereau, augmentent le danger de leur retraite en tirant sur eux à bout portant par les fenêtres, et barricadent les rues afin de les empêcher d'échapper au carnage dont la ville est le théâtre.

Cette victoire, due principalement aux généraux Gérard et Pajol, coûta encore à l'ennemi six mille hommes, dont trois mille hors de combat. Le prince de Hohenlohe fut tué. Les Français perdirent trois mille hommes environ.

C'est à Montereau que Napoléon dit aux soldats qui l'entouraient et murmuraient de le voir s'exposer : « Ne craignez rien, mes amis, le boulet qui doit me tuer n'est pas encore fondu. »

MÉRY. — L'armée française, partie de Montereau le 20 février, se dirige sur Troyes, à la poursuite des Alliés. En passant à Méry, l'Empereur, ayant été prévenu qu'on apercevait dans la ville un rassemblement considérable de forces, prend aussitôt le parti de s'y porter, et en arrivant il ordonne au général Boyer de s'en emparer. Immédiatement les Prussiens en sont chassés, mais en fuyant ils brûlent la ville qui n'est plus bientôt qu'un monceau de cendres. L'incendie se propagea avec une rapidité effrayante, et chassa les habitants de leurs maisons qui s'écroulaient. Au milieu de cette scène de douleur, des vieillards furent égorgés, des malades arrachés de leur lit vinrent expirer de faim, de misère et de froid à la lueur des flammes qui dévoraient leurs habitations; toute la ville fut détruite en quelques heures avec ce qu'elle renfermait.

Le général Gruyère fut tué, et nous éprouvâmes de grandes pertes. L'Empereur passa la nuit du 22 au 23 au petit village de Châtres, dans la maison d'un charron.

Pendant cette campagne de 1814, où chacun défendait ses foyers, chaque jour voyait des scènes cruelles. Lorsque nous avions pris une ville, il fallait presque aussitôt l'abandonner à l'ennemi. Comme beaucoup d'habitants étaient privés de leurs maisons brûlées ou saccagées, et qu'ils craignaient en restant d'avoir à subir de nouvelles vexations de la part des Cosaques, plusieurs nous suivaient, croyant trouver au milieu de nous protection et sécurité. Mais bientôt harassés de fatigue, manquant de tout, et exposés comme nous au feu de nos implacables ennemis, ils restaient sur les routes en butte, les hommes, aux insultes, les femmes, à la brutalité des Cosaques, et presque tous à une mort certaine.

Voici à ce sujet une scène horrible qui se passa sous nos yeux en quittant Méry, le 22 février. A peine avions-nous fait deux lieues que nous fûmes attaqués sérieusement par un corps russe, dont les canons, dirigés habilement, nous enlevèrent beaucoup de monde. Une femme, qui tenait son enfant dans ses bras et qui s'était réfugiée dans nos rangs, fut atteinte par un projectile qui lui coupa le crâne en deux et tua l'enfant. Son mari, qui la suivait, la voyant tomber, s'était précipité vers elle pour la secourir; mais s'apercevant bientôt de l'affreuse vérité, il devint fou instantanément. Lorsque nous passâmes devant lui, à l'endroit où il s'était assis sur le bord d'un fossé couvert de neige, cet infortuné cherchait à rassembler les chairs qui se détachaient de la tête de la pauvre victime, comme si par cet horrible travail la vie devait lui être rendue. Il riait, chantait et pleurait tour à tour; ses mains ensanglantées, qu'il portait alternativement sur sa figure et sur les autres parties de son corps, l'avaient rendu si hideux, que ce spectacle nous épouvanta au point de nous forcer de désirer qu'une balle vînt mettre fin à son supplice.

Reprise de Troyes. — Le 24 février, l'ennemi ayant évacué Troyes à dix heures du matin, après y avoir jeté des obus, et les habitants ayant ouvert une des portes de la ville, l'Empereur y entra, précédé par sa garde, aux acclamations de la population qui, armée de haches, de sabres, etc., tomba sur les détachements ennemis isolés, et massacra plusieurs Wurtembergeois. Nos soldats, en rentrant à Troyes après dix-sept jours d'absence, furent reçus avec bonheur par les habitants qui se voyaient délivrés des mauvais traitements exercés envers eux par les Autrichiens.

Napoléon quitta Troyes le 27; le 28, il vint s'établir avec sa garde entre La Ferté-Gaucher et Esternay. La marche sur Esternay fut affreuse; l'Empereur n'avait pu y arriver que pendant la nuit; il faisait un temps horrible, et les chemins étaient impraticables : l'armée resta en quelque sorte embourbée, et ne se tira de là que le lendemain. C'est quelques jours après qu'étant à Fimes, l'Empereur apprit la reddition inexplicable de la ville de Soissons, que commandait le général Moreau. Cet événement fut une des causes principales des désastres de la campagne.

Malgré toutes nos misères, nos tribulations, il nous arrivait quelquefois, et au moment où nous nous y attendions le moins, des chances heureuses, comme, par exemple, à notre retraite sur Esternay. Forcés de nous arrêter pour tâcher de trouver des vivres, le général Lefol, qui avait le commandement d'une forte colonne, profita de la découverte que l'on fit de plusieurs maisons éparses çà et là pour donner un peu de repos à sa troupe. Un petit château, à deux portées de fusil de nous, fixa l'attention des officiers de notre état-major, qui se mirent aussitôt en marche pour aller l'occuper. Le propriétaire l'avait abandonné à la garde de plusieurs domestiques, qui nous en firent les honneurs avec un empressement prouvant la part qu'ils prenaient à nos misères. Ils mirent à notre disposition tout ce qui pouvait nous être nécessaire, dressèrent une table qui fut servie copieusement, et où le vin qu'ils nous offrirent ranima nos forces épuisées par plusieurs jours de fatigues extrêmes; ils donnèrent même à plusieurs officiers, dont le linge tombait en loques, plusieurs chemises; bref, leur conduite à notre égard fut admirable. De leur côté, les bons paysans, propriétaires des maisons voisines de ce château, qui se doutaient depuis quelques jours que les Français passeraient chez eux, avaient préparé pour nos soldats de grandes marmites remplies de soupe, de viande, de lard et de légumes, de sorte que ces quelques heures de repos, passées sans l'inquiétude d'être attaqués, procurèrent à la troupe un bien-être extrême.

Malheureusement cette hospitalité, qui nous était donnée de si bon cœur, fut indignement méconnue. A peine avions-nous quitté ce lieu de repos, que de mauvais soldats, la lie et la plaie de l'armée, s'emparèrent du château, le pillèrent de fond en comble, et, après y avoir commis mille orgies, cherchèrent à y mettre le feu, en maltraitant en même temps les habitants. Ces misérables, qui étaient connus alors sous la dénomination de *Fricoteurs*, et qui ne vivaient que de rapines, ont été pendant toute cette campagne la terreur des endroits où ils passaient. On avait beau en fusiller, cet exemple ne servait qu'à les exciter davantage au mal, et ils se faisaient tellement craindre, que souvent nous entendions les habitants désirer l'arrivée des Cosaques afin d'être délivrés de leur odieuse présence.

Bataille de Craone. — Le 7 mars au matin, l'Empereur commence l'attaque avec toutes ses forces estimées à cinquante mille hommes. Le duc de Bellune s'empare de l'abbaye de Vauclers, que l'ennemi défendait avec opiniâtreté. De part et d'autre une effroyable canonnade s'engage sur les collines; elle porte la mort dans les rangs des Alliés et démonte leurs pièces. Cependant nos canonniers avaient si peu d'expérience, que plusieurs fois pendant l'action le général Drouot mit pied à terre pour leur montrer la manière de pointer.

Après plusieurs charges de cavalerie auxquelles résistèrent long-temps avec bravoure nos ennemis, ils furent enfin battus, et se retirèrent en toute hâte sur Laon.

Cette bataille de Craone, la plus sanglante de la campagne, n'eut aucun résultat. Le champ de bataille resta aux nôtres; mais si l'on remarque les sacrifices énormes qu'il leur en coûta, on ne peut se dissimuler que les Russes n'aient acquis dans cette journée autant de gloire que les Français.

Nos pertes surpassèrent d'un tiers celles de l'ennemi : nous eûmes huit mille tués ou blessés; un régiment de voltigeurs eut à lui seul trente officiers hors de combat sur trente-trois de présents. Le maréchal duc de Bellune, les généraux Grouchy, Laferrière, Boyer et plusieurs autres, furent blessés. Le comte Strogonoff, commandant un corps russe, eut la douleur de voir tomber son fils auprès de lui.

Vers le milieu de la bataille, un obus tomba sur un caisson, qui éclata en même temps que plusieurs autres qui n'étaient qu'à une très petite distance de nous; il n'y avait pas cinq minutes que Napoléon était passé auprès de ces caissons, lorsqu'ils sautèrent en tuant les hommes et les chevaux qui les conduisaient.

Pendant toute cette journée, le général Lefol fut en quelque sorte l'aide-de-camp de l'Empereur, qui l'employa constamment auprès de ses divisions comme l'interprète de ses ordres.

C'est à propos de cette bataille que Napoléon prononça ces paroles : « La vieille garde seule se soutient, le reste fond comme de la neige », en parlant des jeunes conscrits enrôlés tout récemment. On prétend aussi qu'après l'action il s'écria : « Je vois bien que cette guerre est un abîme, mais je ne m'y engloutirai que le dernier. »

LAON. — Les 8, 9 et 10 mars, divers combats acharnés et sanglants se livrèrent autour de Laon, où nos soldats, malgré leur bravoure, ne purent battre l'ennemi; à la vérité, notre force n'était que de quarante mille hommes environ, lorsque les Alliés comptaient cent trente mille combattants.

Ce qui décourageait nos soldats, et même, il faut l'avouer, les officiers, c'est qu'ils ne voyaient pas de terme à ces marches et contre-marches, et en apparence aucun résultat. De part et d'autre on combattait avec acharnement et toujours avec des succès balancés; les uns avaient pour eux le nombre, les autres la témérité.

Les généraux Curial, Meunier et Lucotte se firent remarquer pendant ces trois jours par les dispositions intelligentes qu'ils surent prendre pour épargner la vie de leurs soldats.

La perte de l'ennemi fut évaluée à quatre mille hommes, et celle des Français à autant. Nous laissâmes de plus sur le champ de bataille quarante canons, cent-vingt caissons et plus de douze cents prisonniers.

La journée où notre retraite sur Soissons s'effectua fut extrêmement pénible, soit par les pertes, les privations de tous genres, soit par le froid excessif qui rendit nos fatigues plus dures encore. La route était couverte de voitures qui transportaient nos blessés vers Paris; beaucoup de nos soldats tombaient morts de faim ou d'épuisement.

Le général Lefol, qui commandait le mouvement de retraite, le 10 mars, fit faire halte à sa colonne à quelques lieues de Laon, afin de procurer un peu de repos à ses soldats; et comme plusieurs petites maisons se trouvaient sur le bord de la route, des officiers profitèrent de cette bonne aubaine, les uns pour y chercher quelque nourriture, d'autres pour s'y reposer. Un nommé M. Bouton, chef-d'escadron d'état-major, n'ayant pu résister au désir de se faire la barbe, commençait à peine à se raser que, comme cela arrivait presque tous les jours, nous fûmes surpris par les Russes. La fusillade s'engagea aussitôt vivement, et une balle, en passant entre le visage et la main du commandant, brisa le manche de son rasoir; la lame, en s'abaissant par l'effet du coup de feu, lui sépara la lèvre supérieure, de sorte que sa bouche prit la forme de ce que l'on appelle vulgairement bec-de-lièvre. Cette blessure, si extraordinairement heureuse, et je puis ajouter si drôle, fit naître une gaîté folle parmi les officiers de notre état-major. L'abnégation, le mépris de la mort étaient poussés à un tel point dans les rangs de l'armée, qu'au lieu de plaindre ce pauvre commandant, l'on se moquait de la grimace que sa figure exprimait. Après la campagne, le commandant Bouton donna sa démission et se lança dans le haut commerce, où bientôt il fit fortune. Pendant plusieurs années je continuai à le voir, et notre entretien roulait presque toujours sur la campagne de 1814. Un jour que je me trouvais avec lui dans sa chambre à coucher, il ouvrit son secrétaire et en retira une boîte qu'il mit entre mes mains : c'était un joli coffret en acajou sur lequel était écrit en lettres d'or : *Laon*, 10 *mars* 1814. En l'ouvrant, j'y trouvai la lame et les morceaux du manche de son rasoir, qu'il conservait comme un souvenir de l'événement que j'ai raconté.

Voici encore un fait caractéristique de ce temps : pendant cette même retraite et dans un moment où, pour s'étourdir et tâcher de tromper leurs souffrances, les officiers chantaient en chœur, des Cosaques parurent en nombre à une assez grande distance de nous. Un de nos officiers ayant proposé de leur faire la chasse, une vingtaine de ces messieurs, accompagnés de quelques Polonais, tirèrent aussitôt leurs sabres du fourreau et partirent comme l'éclair à leur poursuite ; mais ces Cosaques, bien que plus nombreux que leurs adversaires, s'éparpillèrent en tous sens et disparurent sans avoir été atteints. Après cette petite expédition, qui n'était pas sans intérêt pour nous, qui en étions les spectateurs, chacun revint à son rang, et le chœur de la *Caravane :*

La victoire est à nous, etc.

que l'on avait interrompu quelques instants auparavant, fut repris avec un entrain que cet incident rendait encore plus piquant.

Rheims. — Le 12 mars l'ennemi reprend Rheims ; mais le lendemain Napoléon attaque vigoureusement la ville, qu'il cherche à enlever. De part et d'autre cent bouches à feu ouvrent une effroyable canonnade, et les Russes, voyant se développer devant eux des forces redoutables, résistent d'abord, mais sont obligés de céder après une charge de cavalerie qu'effectua le 3.ᵉ régiment des gardes-d'honneur, dont le commandant, le général Ségur, fut blessé. Craignant d'être coupés dans leurs communications, les alliés, décimés par nos boulets, se retirent en désordre pour gagner les routes de Châlons et de Laon ; l'Empereur fait son entrée dans la ville, accompagné du peuple qui le porte en triomphe. Le 14, Napoléon reçoit un renfort inattendu de six mille hommes que lui amène le général Janssens.

La prise de Rheims fut le dernier triomphe de l'Empereur, et n'eut aucune influence sur la suite de ses opérations, car l'armée, obligée avec peu de monde de faire face de tous les côtés, n'obtenait que des succès dont elle ne pouvait recueillir le fruit. À peine Napoléon, qui par sa présence à une bataille équivalait aux yeux de l'ennemi à une puissante armée, quittait-il une de ces villes reprises par lui qu'elle retombait aussitôt au pouvoir d'un ennemi tenace et nombreux.

Pendant ces deux jours les alliés eurent huit cents hommes tués, le double blessés, trois mille prisonniers, et perdirent plusieurs canons, chariots, etc. Nos pertes furent très sensibles. Diminués de moitié par les nombreux combats qu'ils avaient livrés, la plupart des cadres des régiments comptaient plus d'officiers que de soldats ; leur composition offrait aussi un triste spectacle : auprès de vieux soldats couverts des lambeaux de la misère, de jeunes conscrits défigurés par tous les genres de souffrances, avaient peine à se soutenir sous le fardeau de leurs armes.

L'Empereur profita des succès que nous venions de remporter pour donner trois jours de repos à son armée, qu'il passa en revue et qu'il chercha à réorganiser. A la suite de tant de combats, de marches forcées où nous étions harcelés nuit et jour par des partis de Cosaques, ce calme de trois jours nous procura un bien-être inappréciable. Nous pûmes au moins faire sécher nos habits, couverts par une croûte de boue si épaisse, qu'ils étaient devenus méconnaissables; nous pûmes, après avoir été si long-temps privés de coucher dans des lits, profiter chez les habitants de l'hospitalité la plus empressée, changer de linge (je parle de ceux qui en avaient), faire notre barbe et nous métamorphoser si bien, que quand nous parûmes à cette revue dont je viens de parler, nous ne nous reconnaissions plus, tant nous étions changés. Mais, hélas! ce calme ne fut que de bien peu de durée : il ne nous fut donné, on eût pu le croire, que pour nous faire ressentir plus péniblement les nouvelles souffrances que nous devions encore endurer pendant vingt jours.

En quittant Rheims, Napoléon se dirigea avec son armée sur l'Aube.

ARCIS-SUR-AUBE. — Après la prise de Rheims, Alexandre prit le parti d'opérer la concentration de ses forces à Arcis, avec l'intention de livrer bataille. L'empereur Napoléon ayant pénétré le dessein de son adversaire, se mit en mouvement avec toute sa garde et vint le 17 mars à Epernay. Le 18 et le 19 il continue sa marche sur Plancy, dirige le prince de la Moskowa sur Arcis, et se rend de sa personne à Méry.

Le 20 mars, Napoléon ordonne au général Sébastiani d'occuper Arcis; mais l'ennemi s'approchant de la ville, l'Empereur s'apprête à la défendre. La division du général

Janssens fut placée sur la route, et les autres divisions du corps de Ney à leur place de bataille. L'action s'engage vers deux heures ; les divisions Colbert et Excelmans, qui étaient en avant de la ville, sont ramenées en désordre sur Arcis après avoir perdu leurs canons ; mais Napoléon, l'épée à la main, se jette au devant des fuyards et les arrête. Dans ce même moment, le général Janssens étant tombé mortellement blessé à l'attaque du village de Torcy ; le général Lefol, qui le remplace, défend avec tant d'opiniâtreté ce poste important, devenu le point de mire de toutes les attaques ennemies, malgré l'incendie qui dévorait ce village ainsi que la ville d'Arcis, que le succès de cette première journée fut tout-à-fait à l'avantage des Français, qui, avec une poignée de monde, déjouèrent les efforts de la grande armée des alliés.

Ce jour-là, un obus tombe aux pieds de Napoléon et occasionne du désordre dans les rangs ; mais l'Empereur s'en apercevant, lance son cheval sur le projectile, qui tue le pauvre animal et respecte le cavalier. Ce trait de courage raffermit la confiance des soldats, qui redoublent d'ardeur et renversent tout sur leur passage. L'Empereur courut encore d'autres dangers : dans la mêlée, un général lui para un coup de lance porté par un Cosaque. Plusieurs officiers furent tués et blessés autour de lui, et il fut toujours exposé au feu le plus vif.

Ce combat n'était qu'une partie de la tâche de l'armée ; il fallait encore le lendemain livrer une grande bataille. Les deux partis bivouaquèrent la nuit du 20 au 21 en présence, séparés seulement par un ravin.

Le lendemain Napoléon arrive à Arcis, trouve l'ennemi campé sur les hauteurs de Mesnil avec des forces montant à plus de cent vingt mille hommes, tandis qu'il ne pouvait disposer que de vingt-huit mille combattants ; et malgré cette énorme disproportion, il ordonne au général Sébastiani de commencer l'attaque avec la cavalerie de la garde, et au général Lefol de le soutenir avec sa division; mais bientôt ayant reconnu, d'après le conseil du maréchal Ney, qu'il ne devait pas hasarder son armée contre des chances aussi désavantageuses, il commande lui-même le mouvement rétrograde; il ordonne à l'artillerie et aux bagages de défiler devant lui et laisse aux maréchaux Oudinot et duc de Tarente, au général Lefol et à la brigade Maulmont le soin de protéger la retraite de l'armée, qui s'effectua sur un pont construit à la hâte, et malgré les efforts de l'ennemi pour l'arrêter. Cette arrière-garde, quoiqu'ayant à lutter contre les attaques combinées de trois corps d'ennemis, résista si bien, qu'elle sauva l'armée. Protégés par un escadron de la garde, nous fûmes les derniers à franchir cet étroit défilé, le seul qui pût servir de salut à l'armée; nous foulions aux pieds des centaines de cadavres, qui furent renversés dans la rivière avec les débris du pont que l'on fit sauter aussitôt que nous l'eûmes passé.

A cette bataille, le général Lefol se distingua d'une manière brillante : il fut toujours aux endroits où le danger était le plus imminent; tandis qu'autour de lui des rangs entiers de soldats tombaient atteints par les boulets, son sang-froid ne l'abandonna pas un instant; aussi lui permit-il d'aider à conduire à bonne fin cette retraite si difficile et si périlleuse. Le lendemain, Napoléon en passant devant sa division, lui dit en présence de son état-major : « *Général,* « *votre conduite a été hier au-dessus de tout éloge;* « *avec des hommes de votre trempe, tout est possible.* »

Nos pertes pendant ces deux journées furent évaluées à deux mille cinq cents hommes.

A l'occasion de ces deux mémorables journées d'Arcis-sur-Aube, il a été dit que cette bataille a été gagnée tacti-

quement par les divisions Lefol et Boyer, du corps du maréchal Ney, mais que c'était le prince de Schwarzemberg
qui avait remporté une victoire stratégique.

———

Le général Lefol renouvela en quelque sorte à Arcis ce
qu'il avait fait quelques mois auparavant à Leipsig, le 28
octobre 1813, en défendant avec le prince Poniatowski le
pont de Connewitz, qui était une des positions les plus im-
portantes de la bataille, et où tous les efforts de l'ennemi
pour l'enlever échouèrent pendant cette journée. Ce beau
fait d'armes valut au général l'honneur d'être cité dans les
bulletins de la grande-armée.

Le troisième jour de la bataille de Leipsig, le 29 octobre,
dans le même moment où le prince Poniawtoski se noyait
dans l'Elster, le général Lefol recevait, non loin de lui, un
coup de feu à la tête, ce qui fit croire un instant qu'il était
tué.

Mon oncle semblait être prédestiné à défendre les ponts
ou à s'en emparer. Pendant la campagne de 1805, il commandait une des trois brigades de la division du général
Malher, qui s'empara des ponts de Güntzbourg; ce premier succès ouvrit la campagne qui se termina par la mémorable capitulation d'Ulm. Il eut donc sa part de gloire
dans cette affaire, dont le principal honneur revient au général Malher, qui sut, par une manœuvre habile, forcer l'ennemi à abandonner Güntzbourg.

———

VITRY-LE-FRANÇAIS. — L'Empereur, après la bataille
d'Arcis, fait effectuer la retraite avec la garde sur Vitry-le-
Français, et charge le prince de la Moskowa de surveiller
la ville. Celui-ci, après s'être rapproché de la place avec
ses divisions, ordonne à son tour au général Lefol de com-

mencer l'attaque de Vitry, qui renfermait une division ennemie de cinq mille cinq cents hommes, soutenus par plus
de quarante pièces de canons. Sommé de rendre la ville,
avec menace de passer au fil de l'épée la garnison si elle
résiste, le commandant prussien ne se laisse pas intimider
et se maintient à son poste d'honneur. Napoléon veut alors
ordonner l'escalade, mais ayant réfléchi que la résistance
qu'il rencontrerait lui ferait perdre un temps précieux, et
que même la prise de la ville ne vaudrait ni les hommes
ni les munitions qu'il perdrait pour l'enlever, il renonce à
son projet et dirige son armée sur Saint-Dizier.

Le bruit a couru à cette époque que le général Lefol,
dont la famille habitait Vitry, et qui, par une fatalité bien
extraordinaire, était chargé d'assiéger cette ville, avait été
trouver l'Empereur pour le déterminer à renoncer à son
projet; qu'il avait réussi par cette démarche à épargner à
ses concitoyens les horreurs d'un assaut, et que cette con-
descendance de Napoléon à son égard avait été cause que
les souverains alliés, qui étaient enfermés dans Vitry, n'a-
vaient pas été pris. La vérité est que le général Lefol n'é-
tait pas un homme à transiger avec ses devoirs ; que malgré tout ce qu'il y avait d'affreux pour lui dans les ordres
qu'il avait reçus, d'attaquer, d'incendier sa ville natale, il
n'eût pas reculé à les accomplir sans les raisons qui, heureusement, décidèrent l'Empereur à changer de résolution
et à le délivrer ainsi de cette terrible responsabilité. La
preuve de la vérité que j'avance, c'est que, d'après les ordres de mon oncle, plusieurs boulets avaient été déjà dirigés contre la ville, lorsqu'il apprit, à sa grande satisfaction, qu'il devait cesser le feu. Seulement, il avait eu la
précaution, avant l'action, de faire prévenir sa femme par
un espion de ce qui allait se passer, afin qu'elle eût à se
réfugier dans ses caves pendant le bombardement.

Notre division resta la journée du 23 devant Vitry; ce ne fut que le soir qu'elle se mit en marche pour suivre l'armée à Saint-Dizier.

Par un hasard singulier, au moment même où Napoléon portait le 23 son quartier-général à Longchamps, petit village non loin de Vitry, dans la maison d'un monsieur Duplessis, l'empereur Alexandre se trouvait logé chez ce même monsieur Duplessis à Vitry.

SAINT-DIZIER, VITRY ET FONTAINEBLEAU. — A Saint-Dizier, après un combat meurtrier, l'ennemi est mis en déroute et perd environ deux mille hommes. Le 27 mars, nous nous dirigeons de nouveau sur Vitry, dont l'Empereur désirait vivement se rendre maître; mais le commandant prussien persistant toujours à défendre la place, Napoléon, après une journée entière employée à faire des dispositions pour l'enlever, donne l'ordre de la brûler et fait braquer contre ses murailles cent pièces de canon et obusiers. Vitry était donc perdu, si Napoléon n'eût reçu dans la soirée la nouvelle que les armées alliées marchaient sur Paris. Ayant donné l'ordre du départ à ses troupes, et sentant qu'il n'y a plus de temps à perdre, il prend les devants, passe à Villeneuve et arrive à Fontainebleau, où il monte en voiture pour continuer sa route sur Paris. Le général Belliard, qu'il rencontre le 31 à la Cour-de-France, lui ayant appris que Paris, attaqué le matin du 30 mars, s'était rendu, il se décide à retourner à Fontainebleau où, le 1.er et le 2 avril il réorganise son armée, dont l'effectif monte encore à soixante-cinq mille hommes. Le général Lefol ayant été désigné pour commander une des trois divisions de la vieille garde du corps du maréchal Ney, nous allâmes nous établir entre Fontainebleau et Essonne, où Napoléon passa en revue l'armée, qui se trouva entièrement réunie en ce lieu le 3 avril.

Le 4, à peine l'Empereur a-t-il donné l'ordre du mouvement sur la capitale, qu'il veut reprendre, qu'on le prévient que le duc de Raguse a traité avec l'ennemi et que le Sénat a proclamé sa déchéance. Le 11, il abdique, et dès ce moment la plupart de ses généraux le quittent pour aller à Paris. Quelques-uns cependant, au nombre desquels se trouve mon oncle, restent auprès de sa personne pour lui donner une dernière marque de leur attachement.

Les adieux de Fontainebleau dans la cour du Cheval-Blanc, au bas de l'escalier du Fer-à-Cheval, eurent lieu le 20 avril. Je n'ai malheureusement pas assisté à cette grande scène parce que j'étais retenu à l'état-major de notre division; mais mon général s'y trouvait. C'est de lui que nous apprîmes le lendemain les détails de ce qui s'était passé et les adieux déchirants faits par l'empereur dans cette dernière entrevue avec sa garde.

Après le départ de Napoléon de Fontainebleau, tous les régiments reçurent l'ordre de se remettre en marche pour occuper les garnisons qu'on leur désigna, afin de recevoir une organisation nouvelle. Notre division fut dirigée en Normandie, à Louviers et ses environs. Au bout de deux mois de repos dans cette ville, la blessure que mon oncle avait reçue à Leipsig s'étant r'ouverte, il quitta son commandement, et nous retournâmes dans nos foyers. Quelque temps après je reçus mon brevet de lieutenant par décret du 5 août 1814, en même temps que ma commission d'aide-de-camp.

Vers cette époque l'on s'occupait aussi de la réorganisation des écoles-militaires, et le général Lefol bien qu'il n'eût fait aucune démarche à ce sujet, avait été choisi pour en être le gouverneur, lorsque le Ministre de la guerre Dupont, désirant ce commandement pour son frère le lieutenant-général Dupont-Chaumont, fit nommer ce dernier à la place de mon oncle, qui resta en disponibilité tout le reste de l'année 1814.

RETOUR DE L'EMPEREUR NAPOLÉON DE L'ILE D'ELBE.

Louis XVIII, en rentrant en France en 1814, eut le malheur de choisir des ministres qui mécontentèrent l'armée en l'humiliant; beaucoup d'officiers furent mis à la demi-solde pour être remplacés par des hommes qui n'avaient jamais servi, ou par d'anciens émigrés désignés alors sous le sobriquet de *Voltigeurs de Louis XIV*, comme par analogie on appelle aujourd'hui *Voltigeurs de l'Empire* les vieux soldats de Napoléon I.ᵉʳ. Aussi la classe des militaires fut celle qui manifesta le plus une opinion défavorable au gouvernement royal. Toute dévouée à Napoléon, l'armée n'avait prêté qu'avec une certaine répugnance des serments arrachés en quelque sorte par la force; et si les généraux acceptaient des commandements qu'ils savaient ne leur être donnés qu'avec répugnance, c'est qu'ils ne pouvaient faire autrement.

Ce fut dans ces circonstances que le général Lefol reçut l'ordre de se rendre, en février 1815, à Clermont-Ferrand (Puy-de-Dôme), pour y prendre le commandement de la division militaire; mais notre séjour dans cette ville ne devait être que de très peu de durée, car à peine notre maison était-elle montée que nous apprîmes le débarquement de l'Empereur au golfe Juan, *revenant* de l'île d'Elbe.

Dans la nuit du 8 au 9 août 1815, je fus réveillé en sursaut par la présence dans ma chambre d'un de mes anciens camarades du prytanée : c'était de Dreux-Brézé, alors aide-de-camp du ministre de la guerre, qui avait mission de prévenir certains commandants de divisions militaires d'avoir à se rendre immédiatement à Lyon, auprès du comte d'Artois, qui venait d'arriver dans cette ville, afin d'empêcher Napoléon d'y pénétrer. Dès que j'eus compris l'importance de l'ordre qu'apportait de Dreux-Brézé (le même qui fut depuis pair de France et grand-maître des cérémonies à la cour de Charles X), j'allai avec lui trouver mon général, et deux heures après son départ, qui eut lieu aussitôt après l'accomplissement de sa mission, nous étions en voiture, mon oncle et moi, sur la route de Lyon. Les chemins étant très mauvais, nous mîmes deux jours à franchir la distance qui nous séparait de cette ville, et le 11 mars nous n'en n'étions plus qu'à deux lieues, lorsqu'une calèche, passant devant notre voiture en sens contraire, s'arrêta sur la grande-route; un personnage dont l'habit était brodé d'argent, en descendit, vint à notre portière et dit à mon oncle, dont il avait reconnu le grade à son uniforme : « Général, je vous préviens que je quitte Lyon à l'instant, et que Napoléon y est arrivé... » Nous apprîmes tout de suite que cette personne n'était autre que le préfet du Rhône.

Pendant qu'étourdis par cette nouvelle nous nous regardions sans dire mot, notre postillon, ne comprenant rien à ce qui se passait, fouette ses chevaux que franchement nous ne cherchâmes pas à faire arrêter, par la raison toute simple que mon oncle avait conservé pour Napoléon un attachement qui était poussé jusqu'à l'exaltation ; et une heure après nous étions à Lyon, devant l'hôtel de l'Archevêché, mêlés à un peuple en délire qui avait fait illuminer toutes les maisons environnantes.

Nous montâmes dans les appartements, et après avoir traversé plusieurs pièces, nous nous trouvâmes devant Napoléon qui, après avoir reconnu le général et s'être jeté dans ses bras, lui dit : « Ah ! général Lefol, merci, vous ne m'avez pas oublié ; vous m'avez conservé une fidélité que je sais apprécier ; aussi que de belles choses nous pourrions

faire encore si tous mes généraux vous ressemblaient! »
Ces paroles si flatteuses pour mon oncle, n'étaient, du
reste, que la répétition de ce que lui avait déjà dit l'Empereur à Fontainebleau, en avril 1814, lorsque la plupart
de ses généraux l'abandonnèrent.

Le général resta une partie de cette nuit avec l'Empereur et ne revint à notre hôtel que vers les trois heures
du matin. A dix heures nous étions sur la place Louis-le-
Grand, pour assister à la revue des sept ou huit mille
hommes, déjà réunis autour de Napoléon, qui confia, après
le défilé, au général Lefol le noyau d'une division, composée à la hâte : du 7ᵉ de ligne (colonel Labédoyère) et
d'un bataillon de la garde, avec l'ordre de le suivre à
Paris. Le général Brayer eut le commandement en chef de
cette petite armée improvisée comme par enchantement et
qui se mit en marche sur Paris, moins notre division, pré-
cédant l'empereur de trente heures.

Depuis son débarquement jusqu'à Lyon, Napoléon n'a-
vait pas encore cru au succès complet de son entreprise ;
aussi ne commença-t-il à faire acte de sa souveraineté
qu'après avoir pris possession de la seconde ville de
France, et s'être assuré des sympathies de l'immense majorité de la population de Lyon où il rendit de suite ses
premiers décrets, entre autres celui qui supprimait les
corps de la maison militaire du roi, tels que les gardes-du-
corps, les mousquetaires, les chevau-légers, etc., etc.

Jusqu'à son arrivée dans cette ville, aucun officier-général
ne s'était encore rallié à sa cause ; le général de division
Brayer fut le premier à accepter les chances de cette périlleuse entreprise. Le général Lefol fut, sans doute, le second.

L'Empereur quitta Lyon le 13 mars au matin, pour aller
coucher à Mâcon ; nous partîmes le soir du même jour.

C'est dans ce trajet de Lyon à Paris que je fus envoyé en ordonnance auprès de Napoléon. Le 16 mars au matin, nous trouvant dans un village en avant d'Autun, le général m'ordonna de partir aussitôt pour porter une dépêche importante à l'Empereur ; l'ordre était impératif. Je me mis donc à la recherche d'un cheval, et une demi-heure après j'étais en route. Passé Autun, ma monture m'ayant fait défaut, et ne trouvant pas à la remplacer, je pris le parti de continuer ma route à pied afin de ne pas perdre de temps, jusqu'à ce que le hasard me fit rencontrer une mauvaise carriole qui se dirigeait sur Paris, et dans laquelle on voulut bien me laisser monter. Je fis ainsi quatre lieues, et l'on me déposa dans un village dont j'ignore le nom. Là, sans aucune ressource, je me trouvai dans un embarras extrême ; je ne connaissais pas le pays, la nuit allait me surprendre, et pour comble de malheur une pluie qui tombait à verse, et qui paraissait devoir durer longtemps, vint ajouter à mon anxiété.

Cependant il n'y avait pas à hésiter, il fallait absolument que ma dépêche fût remise la nuit même à Napoléon ; mon honneur y était engagé. Je fis donc, mais inutilement, mille démarches pour me procurer un cheval, et comme, à cette époque, lorsque l'on courait après l'Empereur il n'y avait pas de halte possible, pas d'obstacles insurmontables, et qu'il fallait tout braver pour arriver au but, je rassemblai tout mon courage et je continuai mon voyage à pied, presque à l'aventure, par un temps affreux, une nuit extrêmement noire, et de plus, tourmenté de ne pas savoir où je trouverais Napoléon. J'arrivai ainsi à Avallon, entre onze heures et minuit ; la ville était déserte et calme ; on n'entendait que le bruit de l'ouragan qui sévissait avec une violence extrême. Je me dirigeai vers une maison dont les fenêtres au rez-de-chaussée étaient éclairées, et là j'appris avec bonheur que c'était l'hôtel de la Poste, où précisément l'Empereur était logé. Sans perdre de temps, sans prendre même la peine de faire sécher mes habits, je me fis conduire auprès du général Bertrand, qui était couché. Après avoir pris connaissance de ma missive, il se leva et me conduisit dans la chambre de Napoléon, avec qui il me laissa seul. Dans toute autre circonstance on n'eût certainement pas dérangé l'Empereur à une pareille heure ; mais l'on comprendra aisément qu'il devait être avide de nouvelles, et que tout, même les moindres incidents qui se succédaient dans ce moment avec tant de rapidité, devait l'intéresser au plus haut point. Voilà pourquoi, sans doute, on me conduisit auprès de lui pour l'entretenir de ce que j'avais pu apprendre au sujet de son retour.

Inondé de pluie, couvert de boue, et encore sous l'impression de la crainte où je me trouvais l'instant d'auparavant de ne pouvoir conduire ma mission à bonne fin, étant d'ailleurs d'une complexion très-délicate, j'étais affreusement fatigué, et la première chose que je fis en entrant dans la chambre de Napoléon fut de m'appuyer sur un des côtés de son lit ; j'étais tellement mouillé que l'eau qui ruisselait de mon manteau alla jusqu'aux pieds de l'Empereur, alors étendu sur un mauvais canapé. Napoléon portait une robe de chambre, et un foulard négligemment attaché couvrait sa tête. Une table couverte de papiers, avec deux bougies, était devant lui ; sur la gauche, auprès de la croisée, se trouvait une chaise sur laquelle on avait étendu sa redingote et posé son chapeau ; son épée, que probablement l'on avait voulu appuyer contre cette chaise, avait glissé et se trouvait par terre ; plus loin, sur une petite table, étaient aussi un portefeuille, un nécessaire de voyage et une boîte, qui sans doute servait de tabatière. Quant au reste de l'ameublement de cet appartement, il était d'une simplicité plus que modeste.

Napoléon me reçut avec un air de bonté qui me mit à

l'aise. Lorsqu'il sut que j'étais non-seulement l'aide-de-camp du général Lefol, mais aussi son neveu, il me fit de lui l'éloge le plus flatteur, en joignant à ses paroles une expression de franchise qui prouvait la vérité de ce qu'il avançait. Quand je lui eus rendu compte de ma mission, dont le but était, autant que je puis me le rappeler, de l'informer que tel régiment devait se porter à sa rencontre, il me félicita pour le zèle et l'activité que je venais de déployer et m'adressa plusieurs questions ; une entre autres qui pouvait lui faire connaître mon opinion sur l'effet que devait produire sur l'armée son retour en France ; si l'on avait toujours conservé pour lui la même confiance, le même attachement ; si enfin je pensais qu'il rentrerait dans Paris sans difficultés, etc., etc. Bref, après que j'eus répondu avec assez d'aplomb à toutes ses questions, malgré ma timidité naturelle, et que je fus resté à causer librement avec lui pendant environ vingt minutes, il me frappa légèrement sur l'épaule, en signe d'intérêt... Allez vous reposer, me dit-il, et venez demain matin me trouver pour recevoir mes ordres. Avant de me retirer j'allai relever son épée que je posai sur sa redingote (1).

Ne trouvant pas de chambre pour me loger à l'hôtel, ne sachant non plus où aller à cette heure de la nuit, n'en pouvant plus de lassitude, je me dirigeai dans la cour vers l'écurie où étaient les chevaux de l'Empereur, et je m'étendis, ou plutôt je me laissai tomber auprès d'eux sur une excellente litière où je ne tardai pas à m'endormir. Le lendemain j'étais tellement raide et en-

(1) Le général Bertrand venant un jour à Saint-Cyr en 1846, je lui parlai de cette circonstance, qu'il se rappela parfaitement. Il eut alors la bonté de m'accueillir comme une vieille connaissance et de me promettre sa visite lorsqu'il reviendrait à l'École. Malheureusement deux mois après, la France perdait ce type de la fidélité et des vertus militaires.

gourdi par l'humidité dont mes vêtements étaient atteints, que l'on fut obligé de me transporter dans la cuisine auprès d'un bon feu, pour que je pusse me remettre sur pied.

Lorsque j'eus pris un peu de nourriture et que je fus approprié, je montai dans la chambre de Napoléon, où l'on terminait les préparatifs de son départ. La foule qui était rassemblée sous ses fenêtres l'appelait à grands cris ; il s'approcha d'une croisée donnant sur la place, salua le peuple, et descendit aussitôt pour monter en voiture avec les généraux Bertrand et Drouot, après toutefois m'avoir fait remettre un ordre écrit destiné à mon général. Cet écrit, qui était signé par l'Empereur, a été égaré, et j'éprouve aujourd'hui un vif chagrin de n'avoir pu le conserver.

Dans la cour où se trouvait la voiture de voyage, une foule de personnes de tout âge, de toute condition, surtout d'anciens militaires, affluait, donnant les marques d'une satisfaction générale ; Napoléon parut très touché de cette démonstration en sa faveur, il distribua deux ou trois croix, et accepta la démission du maire qu'il remplaça immédiatement ; dans ce moment l'hôtesse vint lui présenter ses deux petites filles, qu'il embrassa.

Je ne dois pas oublier de relater qu'en partant, le général Drouot m'avait dit de prendre dans la chambre que l'Empereur quittait, plusieurs proclamations imprimées, afin que j'eusse à les répandre sur la route que nous allions parcourir. Il m'avait aussi fait observer que si nous avions besoin d'argent, nous étions libres d'en retirer des caisses publiques sur notre simple reçu ; mais mon oncle, à qui je m'empressai de donner cette nouvelle lorsqu'il arriva le soir, ne voulut pas user de ce moyen, malgré la pénurie où nous nous trouvions par suite de notre départ précipité de Clermont. Nous n'eûmes d'autre ressource pour conti-

nuer notre voyage que d'en solder les frais au moyen de
bons que je faisais à chaque relais, et qui étaient payables
à l'adresse de notre hôtel à Paris. Tous furent acquittés
immédiatement après notre arrivée.

Voici, à l'occasion du séjour de Napoléon à Avallon, un
incident qui est resté ignoré du monde entier, et qui m'a
été raconté ce jour-là par un habitant notable de cette
ville :

L'Empereur, en se présentant à cette croisée dont je viens
de parler, aurait manqué d'être assassiné. Dans la foule se
trouvait, dit-on, un homme muni d'un pistolet qu'il devait
décharger sur Napoléon; mais soit que le cœur lui eût
manqué, soit qu'il fût troublé par le remords au moment
de commettre cette lâche action, soit aussi qu'il n'eût pas
assez le temps de l'ajuster, ce crime projeté n'eut heureusement pas lieu. Le malheureux eût tiré, qu'il eût été
immédiatement mis en pièces, car l'enthousiasme qui se
manifestait dans la foule était à son comble.

Dès que l'Empereur eut quitté Avallon, le 17 à dix
heures du matin, je dus prendre mes précautions pour me
procurer des chevaux pour notre départ, qui devait s'effectuer le soir aussitôt après l'arrivée de mon général. A force
de démarches, car les circonstances rendaient les chevaux fort rares, j'en trouvai deux que je fis mettre en ca-
chette dans l'écurie de l'hôtel; mais, comme on le verra
tout-à-l'heure, ils ne nous servirent pas.

A sept heures du soir le général Lefol faisait son entrée
dans la ville avec sa petite division, et comme j'avais fait
apprêter notre dîner dans une salle du rez-de-chaussée
donnant sur la cour, nous nous mîmes de suite à table ;

mais à peine étions-nous assis, que j'aperçus à travers nos croisées un officier-général en grande tenue, et portant un chapeau garni de plumes blanches. Je sortis pour voir quel était ce personnage, et lorsque je me trouvai en face de lui, je reconnus le maréchal Ney qui arrivait de Lons-le-Saunier. Après y avoir répandu ses proclamations, il allait rejoindre l'Empereur. Je lui dis que le général Lefol était là; il entra avec moi dans la salle à manger, se jeta au cou de mon oncle, et il y eut entre eux un échange de demandes et de réponses que les circonstances leur dictaient. Le maréchal se mit à table avec nous, et comme il avait hâte d'aller trouver l'Empereur, il nous demanda sans façon la permission de se servir, pour arriver plus vite, des chevaux que j'avais eu tant de peine à nous procurer.

Pendant plus d'une heure que dura notre dîner, le maréchal nous raconta tout ce qu'il avait fait depuis le moment où il avait appris le retour de Napoléon. Il nous dit qu'il était d'autant plus heureux de cet évènement, qu'il avait conservé pour l'Empereur « la plus sincère fidélité »; que d'ailleurs il n'avait point trouvé à la cour de Louis XVIII l'accueil qu'il devait s'attendre à y recevoir; que sa femme « n'y était nullement considérée; qu'elle n'y avait toujours été traitée que comme une parvenue. » Il ajouta que l'on faisait déjà courir le bruit qu'il avait promis au roi, en prenant congé de lui aux Tuileries quelques jours auparavant, « de lui ramener Bonaparte mort ou vif dans une cage de fer »; que c'était une insigne calomnie, et s'adressant à mon oncle : « Vous me connaissez depuis assez longtemps, Lefol, pour me croire incapable d'avoir tenu un pareil langage..... » Disait-il vrai? L'histoire soutient que non; moi je dis oui, parce qu'en parlant ainsi sa noble figure exprimait la franchise la plus persuasive...

Après s'être fait raconter par le général et par moi par quel hasard nous avions rejoint l'Empereur, il embrassa de nouveau mon oncle, me tendit la main, et nous quitta. Le lendemain il était à Auxerre auprès de Napoléon, qui de ce moment ne dut plus douter de la réussite de son entreprise miraculeuse (1).

L'arrivée imprévue du maréchal Ney, et l'enlèvement qu'il nous avait fait de nos chevaux nous ayant encore obligés de coucher à Avallon, nous remîmes notre départ au lendemain matin. Mon oncle occupa la chambre qu'avait habitée le général Bertrand et qui était plus vaste et plus commode que celle de l'Empereur, qu'on me destina, ce qui fut cause que, si la veille j'avais parfaitement reposé sur de la paille, il n'en fut pas de même cette nuit où j'étais cependant dans un bon lit ; ma jeune imagination, exaltée par les évènements extraordinaires dont j'étais le témoin, errait dans les espaces imaginaires, et je rêvais tout éveillé à ce grand homme qui vingt-quatre heures auparavant, à cette même place où j'étais, avait peut-être conçu un de ces projets gigantesques qui étonnent encore aujourd'hui le monde entier.

Notre voyage d'Avallon à Paris fut rempli d'incidents fort remarquables et d'une grande bizarrerie. Le retour de l'Empereur étant connu, les populations arrivaient de vingt lieues à la ronde pour le voir, mais inutilement, puisqu'il était déjà passé, et comme le général Lefol était en uniforme, notre voiture était souvent arrêtée par la foule qui voulait absolument reconnaître Napoléon dans mon oncle, malgré tous mes efforts pour la dissuader.

En passant à Pont-sur-Yonne, le 18 mars, nous fûmes

(1) Le maréchal Ney était lié intimement avec le général Lefol ; c'est au camp de Boulogne en 1804, qu'il m'accorda son appui pour me faire entrer comme élève au Prytanée de Saint-Cyr.

profondément affligés d'un malheur dont la ville venait d'être le théâtre. Pour éviter de la fatigue à des militaires qui étaient accourus au-devant de l'Empereur, on avait eu la fatale idée de les embarquer sur des bateaux dont un s'enfonça dans la rivière en engloutissant avec lui, un colonel, plusieurs officiers et environ soixante soldats.

C'est le 21 mars 1815 que nous arrivâmes à Paris dans un état d'agitation indéfinissable, provenant des diverses émotions que nous avions éprouvées pendant ce voyage si extraordinaire.

Le général s'empressa d'aller le lendemain aux Tuileries, mais ne put voir l'Empereur ; ce fut le général Bertrand qui le reçut et qui lui annonça que le 24 mars, il y aurait une grande revue dont il prendrait le commandement, l'avertissant en même temps qu'il devait se tenir prêt à partir ensuite pour l'armée du Nord avec la division qui serait désignée pour être sous ses ordres. A son retour des Tuileries mon oncle me signifia que j'eusse à me monter immédiatement, ce que je réussis à faire, mais non sans peine.

Le matin du 24 mars nous étions dans la cour des Tuileries, où étaient rassemblées toutes les troupes qui devaient passer la revue. Mon général montait un cheval blanc andalous d'une beauté remarquable qui lui avait été donné comme un témoignage de reconnaissance et d'estime par les autorités de Séville, lorsqu'il était gouverneur de cette ville du temps de la guerre d'Espagne (ce même cheval fut tué sous lui le 16 juin suivant à l'attaque de Saint-Amand).

L'air martial du général, la dignité de ses traits, étaient remarqués de l'immense foule qui l'entourait ; lui-même, électrisé par le spectacle sublime qui se déployait devant nous, était fier du choix que l'on avait fait de lui pour commander de si belles troupes.

Quarante ans qui vont bientôt nous séparer de cette

époque en passant sur nous, ont anéanti bien des choses ;
mais sur-tout aujourd'hui que l'Empire reparait, le souvenir
de cette revue du 24 mars 1815 fait encore palpiter d'orgueil et de plaisir ceux qui en ont été les témoins. Cette
journée restera comme une preuve de l'affection du peuple et de l'armée pour Napoléon.

Lorsque l'Empereur fut averti que tout était prêt, il parut
à cheval et passa dans les rangs de ses soldats. Nous l'ac-
compagnions ; j'ai été témoin de tout ce qui s'est passé ce
jour-là ; mais pour en rendre un compte exact, il faudrait
une autre plume que la mienne. Les soldats, ivres de joie,
avaient mis leurs schakos au bout de leurs baïonnettes
qu'ils agitaient et élevaient en l'air en poussant des cris
d'enthousiasme qui trouvaient de l'écho sur la place du
Carrousel, où était le peuple dont la sympathie pour les
troupes se manifestait de mille manières. Vers la fin de
la revue, on vit arriver Cambronne à la tête du bataillon
de l'île d'Elbe portant leurs anciennes aigles ; l'esprit militaire en fut exalté, et ces officiers, réunis aux troupes et
aux officiers de toutes armes qui s'étaient rassemblés spon-
tanément, et qu'on nomma depuis le bataillon sacré, défi-
lèrent au son d'une musique guerrière qui jouait l'air :

Veillons au salut de l'Empire,

Cherchant ainsi à ressusciter les chants de triomphe et de
gloire.

Après le défilé, l'Empereur se plaça devant le pavillon
de l'horloge, et fut aussitôt entouré par un nombre considérable de militaires. Là, diverses scènes remarquables se
passèrent : des aigles, que ses soldats avaient conservées,
lui furent présentées ; s'en emparant alors, il les pressa sur
son cœur en prononçant de ces paroles que lui seul savait
rendre si émouvantes. C'est en parcourant ce cercle d'offi-

ciers qu'il me reconnut et que, s'avançant vers moi, il me décora de sa main.

A cette revue l'on fit la remarque que tous les soldats y avaient paru, portant à leurs schakos leurs vieilles cocardes tricolores qu'ils avaient conservées; pas une ne fut achetée chez les marchands qui, d'ailleurs, n'avaient pas eu le temps d'en confectionner de nouvelles.

Cependant, il faut en convenir, tout Paris ne partageait pas les sentiments exprimés si énergiquement par l'armée et le peuple; les classes supérieures et moyennes de la société, les négociants et les marchands étaient inquiets, la tristesse et le découragement se montraient peints sur les visages, et toute confiance avait disparu. Voici, à ce sujet, une petite anecdote qui trouve naturellement sa place ici.

Devant rester deux jours à Paris, et me trouvant encore sous l'impression d'un événement où j'avais figuré comme acteur, je voulus profiter de ce délai pour faire quelques visites. La première personne chez qui j'allai était une dame, dont le fils, garde national en 1814, avait été tué sous les murs de Paris un an auparavant; ma présence lui ayant rappelé cette funèbre circonstance, que lui rendait encore plus pénible l'histoire de mon retour qu'elle connaissait déjà, elle tomba raide sans connaissance dès qu'elle me vit.

Ma seconde visite ne fut pas plus heureuse, car dès que la personne chez qui je me présentai m'aperçut, elle me ferma sa porte au nez.

J'avoue que ce début me découragea et m'ôta toute envie de continuer des démarches qui avaient déjà valu à ma fierté un si dur affront.

On peut conclure de là que, si ces dames eurent le tort de me mal recevoir, parce que j'étais du nombre de ceux qui ramenaient Napoléon, les événements ultérieurs prouvèrent qu'elles eurent raison de prévoir les malheurs que ce retour de l'Empereur devait causer à la France.

———————

Le 26 mars 1815, nous traversions Paris à la tête de la 8e division confiée au général Lefol, et composée des 15e léger, 23e, 37e et 64e de ligne, et d'une compagnie d'artillerie, faisant partie du 2e corps d'armée, commandé par le comte Reille. Nous nous rendions dans nos cantonnements où nous devions attendre l'ordre d'entrer en campagne.

Pendant notre marche vers le Nord, nous rencontrâmes beaucoup d'officiers isolés, d'autres réunis par détachements, et plusieurs déguisés, qui revenaient de conduire le roi à la frontière ; et quoiqu'on ait dit qu'ils furent maltraités par nos soldats, je puis attester que, bien loin de là, ils eurent toutes nos sympathies, à cause de leur dévouement au malheur. Un de mes anciens condisciples de La Flèche, qui se trouvait parmi eux, Latour-d'Auvergne, alors officier de la maison du roi, s'il existe encore, pourrait au besoin rendre cette justice aux soldats de Napoléon. Ma rencontre avec Latour-d'Auvergne se fit à Arras, où son oncle était archevêque ; ce digne prélat, quoique déplorant secrètement ce qui se passait, me reçut à merveille, et me fit même l'honneur de m'admettre à sa table, malgré mon titre d'officier de l'Empereur.

Notre corps d'armée, arrivé dès le 15 avril à Cambrai, fut cantonné dans cette ville et aux alentours, et y demeura six semaines environ. C'est pendant ce temps que Napoléon fit tant de prodiges en organisant, comme par enchantement, cette belle armée qui devait être détruite si vite quelque temps après à Waterloo.

L'Empereur cherchait aussi à entretenir chez ses généraux et ses officiers-supérieurs ce feu sacré de l'amour de la patrie, en leur accordant à propos des récompenses pour le zèle qu'ils apportaient à le seconder dans ses immenses travaux ; aux uns il donnait des grades, des décorations, aux autres des dotations, des titres de noblesse, etc. C'est ainsi que, sans s'y attendre le moins du monde, le général Lefol reçut à Cambrai le titre d'une dotation de 8,000 francs que Napoléon lui faisait sur les canaux. Mais cette dotation, non plus que le revenu d'une baronie de Westphalie, qu'il tenait aussi de la munificence de l'Empereur, ne lui fut soldée ; les événements ultérieurs paralysèrent toutes ces bonnes intentions du souverain à l'égard de l'armée.

En partant de Cambrai dans les premiers jours de juin, et après avoir occupé plusieurs cantonnements, au Cateau, à Avesnes, à Trélon, etc., notre division passa du corps de Reille dans celui de Vandamme, qui commandait le 3.ᵉ, et le 13 nous quittâmes notre dernier poste pour commencer notre courte et malheureuse campagne. Nous bivouaquâmes le soir en avant de Trélon, et le lendemain 14 nous étions à Beaumont, où se trouvait le quartier-général et presque toute l'armée. Le 15 l'ordre du mouvement est donné, et chacun se rend à son poste; mais notre corps d'armée, qui avait campé en avant de Beaumont, au lieu de partir à trois heures du matin, ne se mit en marche qu'à six heures, ce qui fut la cause que nous n'arrivâmes qu'à trois heures du soir à Charleroi, lorsque nous aurions dû y pénétrer en vainqueurs à midi. Un malentendu du général Vandamme était la cause de cette faute que l'Empereur lui reprochait, précisément au moment où nous passions devant eux. J'ai entendu ces paroles de Napoléon à Vandamme : « Général, ce retard de votre corps, dans cette circonstance, est une fatalité..... »

Vandamme parut prendre fort mal cette apostrophe, en répondant d'une manière excessivement virulente à l'Empereur ; mais comme nous les avions déjà dépassés, je ne pus connaître la suite de cet entretien.

Après avoir traversé Charleroi nous vîmes cent cinquante à deux cents Prussiens désarmés que nos soldats accueillirent avec intérêt ; c'était une partie des prisonniers faits dans la journée par le 1ᵉʳ de hussards, commandé, je crois, par le colonel Clary, dont la bravoure avait amené ce résultat. En continuant notre marche nous rencontrâmes l'ennemi vers les six heures du soir, et après avoir pris part à un combat sanglant où nous perdîmes assez de monde (le général Letort fut tué non loin de nous), notre division alla bivouaquer dans un petit bois, entre Charleroi et Fleurus, qui était occupé par les Prussiens. C'est pendant cette nuit que nous apprîmes avec indignation la désertion à l'ennemi, du général *** et de ses aides-de-camp.

L'Empereur avait arrêté dans la journée l'organisation de son armée, dont l'aile droite, commandée par le maréchal Grouchy, comptait soixante-onze mille neuf cent quarante hommes, et se trouvait placée près de Fleurus, en face des villages de Saint-Amand et de Ligny. L'aile gauche, de quarante mille hommes environ, était confiée au maréchal Ney, qui venait seulement d'arriver, et qui avait l'ordre de se porter immédiatement avec ses troupes aux Quatre-Bras, à une distance de deux ou trois lieues de Fleurus.

L'aile droite se composait des corps de Vandamme et de Gérard, avec ceux de cavalerie de Pajol, Excelmans et Milhaud ; et l'aile gauche, des corps de Reille et d'Erlon, avec la cavalerie du comte de Valmy et de Lefebvre-Desnoüettes.

Le corps de Lobau et la garde formaient une réserve de vingt-huit mille hommes.

BATAILLE DE FLEURUS OU DE LIGNY.

—

Le lendemain matin, 16 juin, le temps était magnifique, un soleil ardent nous annonçait une brûlante journée, comme elle le fut en effet sous tous les rapports. Nos soldats firent la soupe, et notre corps d'armée prit position en avant de Fleurus, faisant face au village de Saint-Amand, ayant à sa gauche la division Girard.

Tout était calme dans cette plaine immense et fertile qui était devant nous, et que foulaient aux pieds nos régiments d'infanterie, de cavalerie, et nos pièces d'artillerie. En peu d'instants les riches moissons dont ce pays était couvert, disparurent comme par enchantement. Il eût été difficile de deviner que cent soixante-dix mille hommes allaient en venir aux mains et se disputer le terrain avec un acharnement tel, que depuis longtemps il n'y en avait pas eu d'exemple, et que cinq heures après, sur ce nombre de cent soixante-dix mille hommes trente-huit mille environ seraient morts, mutilés, ou mis hors de combat. Ce calme, qui ressemblait à celui qui toujours précède l'orage, avait quelque chose de saisissant et qui faisait battre le cœur. Nous voyions en face de nous sur la colline, entre Saint-Amand et Ligny, l'armée ennemie faire de même que nous ses dispositions; de fortes colonnes d'infanterie et de cavalerie prussiennes se développaient en amphithéâtre avec de nombreuses batteries placées en avant et dans les intervalles des masses, et je l'avoue, ce moment solennel, précurseur de tant de désastres, m'impressionna bien davantage, que le moment où nous en vînmes aux mains.

Toutes les dispositions de la bataille terminées, notre division eut l'honneur d'ouvrir le feu contre Saint-Amand, qui devint le théâtre de combats acharnés. Tout conseillait à l'Empereur d'y diriger sa principale attaque ; par-là, évitant une partie des difficultés du terrain, et se rapprochant du maréchal Ney engagé aux Quatre-Bras contre l'avant-garde de Wellington, il aurait pu lui porter des secours ou en recevoir, séparer les Prussiens des Anglais, et forcer les premiers à se retirer sur Namur ; aussi, emporté par le désir d'exterminer l'armée prussienne, se décida-t-il à livrer une bataille générale.

Ainsi que je viens de le dire, chargé de commencer le feu contre Saint-Amand, le général Lefol fit former le carré à sa division pour lire la proclamation que l'Empereur adressait à l'armée, et qui finissait par cette phrase :

« Soldats ! nous avons des marches forcées à faire, des « batailles à livrer, des périls à courir ; mais avec de la « constance, la victoire sera à nous ; les droits, l'honneur « et le bonheur de la patrie seront reconquis ! pour tout « Français qui a du cœur, le moment est venu de vaincre « ou de périr ! »

Profitant de cette circonstance, le général harangua ses soldats avec tant de bonheur et d'énergie que ceux-ci, pleins d'enthousiasme et excités d'ailleurs par la présence de Napoléon qui passait en ce moment devant le front de la division, demandèrent à grands cris à marcher à l'ennemi.

L'ordre d'attaquer Saint-Amand ayant enfin été donné, le général fit détacher un assez grand nombre de tirailleurs et s'avança à la tête de sa division formée sur trois colonnes. Cette marche contre l'ennemi se fit au son d'une musique militaire qui ne cessa de se faire entendre que quand le bruit du canon l'eut dominée, et lorsque plusieurs musiciens du 23ᵉ de ligne furent blessés. Le premier boulet parti des batteries prussiennes tomba dans ses masses et tua huit hommes d'une compagnie du 64ᵉ de ligne, commandée par le capitaine Revest, mort depuis colonel d'un régiment d'infanterie. Cet évènement, loin d'arrêter l'ardeur de nos soldats, ne fit que l'exciter, et c'est ainsi qu'ils arrivèrent à Saint-Amand et l'emportèrent à la baïonnette.

De ce moment la bataille prit un caractère sanglant. Chaque parti était soutenu par une artillerie formidable, dont les détonnations imitaient le bruit de la foudre, et ces attaques terribles s'alimentaient pour ainsi dire par un mouvement de fluctuation alternatif entre les deux armées revenant sans cesse à la charge ; près de deux cents bouches à feu étaient pointées contre le village, par deux armées qui s'en disputaient la possession; c'était la clef de la position de Blücher, commandant l'armée prussienne, et tout l'effort de la bataille se portait sur Saint-Amand qui fut pris et repris trois fois au milieu de scènes de carnage horribles ; et comme le dit avec raison Vaulabelle dans son *Histoire des deux Restaurations :*

« Chaque arbre, chaque fossé, chaque clôture, était atta-
« qué et défendu avec fureur; on luttait corps à corps, on
« se fusillait à brûle-pourpoint, on se tuait à coups de
« baïonnettes, et nos soldats tombaient en criant : Vive
« l'Empereur! ils ne se laissaient même emporter à l'am-
« bulance que lorsqu'il leur était impossible de continuer
« à prendre part au combat. Il n'y avait pas de grâce, et
« personne n'en demandait. »

Le général Lefol, entré le premier à Saint-Amand, eut son cheval tué sous lui dans un verger, et allait sans doute être fait prisonnier ou tué, lorsque j'eus le bonheur de le tirer de ce mauvais pas en lui donnant le mien. Dans ce même moment, son fils, Louis Lefol, chef de bataillon au 2ᵉ léger, de la division Bachelu (2ᵉ corps), engagée aux Quatre-Bras, recevait une balle qui lui fracassait le poignet. Louis est mort à Oran en 1831, étant colonel du 21ᵉ de ligne ; il passait pour un des officiers les plus distingués de l'armée, et serait sans doute arrivé aux plus hautes dignités militaires, comme le fut depuis l'infortuné général Négrier (1), qui était alors son collègue dans le 2ᵉ léger. Le tombeau de Louis Lefol existe encore aujourd'hui à Oran, dans un bastion qui porte son nom.

Le combat se prolongea avec des avantages balancés jusqu'au soir ; toutefois les Prussiens ne purent reprendre ni l'église, ni le cimetière, dont notre division s'était si vivement emparée dès le début de la bataille.

Ce fut, autant que je puis me rappeler, vers les six heures qu'il se manifesta parmi les soldats d'un régiment un mouvement de terreur, que l'on ignora heureusement dans l'armée et qui aurait pu avoir des suites funestes sans un moyen d'une extrême énergie qu'employa le général Lefol, et sans l'empressement que mirent plusieurs officiers à faire cesser cette espèce de panique, occasionnée d'abord par la fausse nouvelle répandue qu'une colonne ennemie venait surprendre la gauche de notre division, et par l'impression pénible que causa au 64ᵉ de ligne la mort du colonel Dubalen qu'il aimait et estimait. Plusieurs soldats quittèrent leurs rangs, jetèrent leurs fusils et pouvaient ébranler, peut-être même entraîner tout le corps d'armée, lorsque plusieurs officiers au nombre desquels se trouva le général Corsin, commandant l'une des brigades de notre division, accoururent, arrêtèrent les fuyards, les rassemblèrent et les ramenèrent au combat, qu'ils soutinrent ensuite jusqu'au soir avec la même intrépidité qu'au début (2).

(1) Le général Négrier a été tué pendant les journées de juin 1848, sur la place de la Bastille en même temps que l'archevêque de Paris.

(2) Jusqu'à présent j'avais hésité à signaler ce moyen énergique dont s'est servi mon général, parce que je craignais de jeter du blâme sur sa conduite ; mais en y réfléchissant depuis, j'ai pensé qu'à la guerre, dans certains moments critiques, tout général avait le droit de prendre telle

Le général Corsin qui, pendant cette journée, se fit remarquer par son courage et son énergie, eut trois chevaux tués ou blessés sous lui à Saint-Amand, et ses anciennes blessures s'étant r'ouvertes pendant notre retraite, cet officier-général dut rester à Givet et résigner son commandement.

Pendant que nous nous battions à Saint-Amand (1) une lutte semblable avait lieu à Ligny, à deux portées de canon

mesure qu'il jugeait nécessaire lorsqu'il s'agissait, comme dans cette circonstance, de sauver peut-être toute l'armée.

Voici donc ce qui arriva :

Le général Lefol jugeant, d'après son coup-d'œil exercé, que cette panique de nos soldats pouvait amener des résultats d'une immense gravité, n'hésita plus. Il m'envoya enjoindre à l'officier d'artillerie de tourner ses canons contre nos fuyards qui alors, se croyant pris entre deux feux, c'est-à-dire entre nos canons et cette division qu'ils pensaient à tort appartenir à l'ennemi, revinrent à leurs rangs, et réparèrent par leur ardeur à combattre, l'espèce de honte dont ils s'étaient couverts un instant auparavant.

Qui sait ? — peut-être sans ce moyen extrême la campagne de 1815 finissait-elle là ; — Il n'eût pas été question de Waterloo.

Si l'officier d'artillerie, qui était alors lieutenant et tout jeune, est encore de ce monde, il doit se rappeler quelle fut notre anxiété lorsque, étant nous-mêmes sous l'impression de cette panique, j'allai lui communiquer mes ordres, que pour mon compte j'avais peur d'avoir mal interprétés, et qu'il hésita un instant à exécuter dans la crainte d'assumer sur lui une telle responsabilité.

(1) L'ancien colonel de la quatrième légion de la garde nationale de Paris, le brave, l'intrépide M. Chapuis, dont le nom se rattache à tant de faits remarquables de courage et de patriotisme, et qui était alors capitaine au 85e de ligne, du 1er corps d'armée, a fourni une note très curieuse sur ce qui se passa ce jour-là, non loin de nous à Wagnelé, où son régiment était appelé à agir vigoureusement, et d'une manière décisive.

La *Bibliothèque historique et militaire* publiée par MM. Liskène et Sauvan, renferme aussi des observations intéressantes faites par M. Chapuis sur les historiens de la campagne de Russie. Ces observations, qui redressent bien des erreurs, seront consultées avec fruit par les personnes qui aiment à rencontrer la vérité dans ce qu'elles lisent.

de nous, ainsi qu'aux Quatre-Bras. A dix heures la bataille était gagnée.

Voici, à l'occasion de la bataille de Fleurus, un écrit dont je conserve l'original entre mes mains, et que m'a laissé le général Corsin, comme un témoignage de son intérêt et de sa bonne affection pour moi.

« Nous, général de division, grand'officier de la Légion-« d'Honneur, commandant en 1815 la 1.re brigade de la « division Lefol, constatons les faits dont le détail suit :

« Le 16 juin 1815, la division Lefol contribua au gain « de la bataille de Fleurus, en luttant avec une glorieuse « persévérance contre les forces de Blücher, bien supé-« rieures aux nôtres. Chargé de commencer le feu contre « Saint-Amand, le général Lefol s'avança à la tête de sa « division vers ce village, qui fut pris et repris plusieurs « fois. Pendant une de ces attaques, et au moment où nous « en étions repoussés, le général Lefol eut son cheval tué « sous lui, et allait être fait prisonnier, lorsque l'aide-de-« camp Lefol, n'écoutant que son devoir, mit pied à terre « au milieu d'une scène de carnage horrible, pour lui don-« ner son cheval ; tous deux essuyèrent une décharge de « mousqueterie et allaient être tués ou pris, lorsque l'ar-« rivée imprévue d'une compagnie du 64.e, sur le lieu de « cette scène, les sauva, en donnant au général le temps « de monter sur son nouveau cheval et d'aller rejoindre « cette compagnie avec son neveu.

« L'aide-de-camp Lefol eut son épaulette enlevée par un « biscaïen (1) et son cheval fut légèrement blessé. Toute « la division a pu être témoin de sa brillante conduite dans

(1) J'ai conservé la veuve de cette épaulette ainsi que les aigles de mon schako et de mon hausse-col du 100.e de ligne, et celui de la croix que l'Empereur m'a donnée.

« les périlleuses attaques du cimetière de Saint-Amand.

« Le soir de cette journée mémorable, le jeune Lefol,
« qui avait contribué à sauver la vie à son général, et qui
« déjà, à cette époque, avait été décoré par l'Empereur
« lui-même (décret du 26 mars 1815), fut proposé sur le
« champ de bataille pour le grade de capitaine.

« Le général de division, Signé : Vicomte Corsin.

« Vu par nous, sous-intendant de 1.re classe, commissaire
« des guerres en 1815, attaché à la division du général
« Lefol, commandant la 8.e division de l'armée du Nord,
« pour légalisation de la signature du général vicomte Cor-
« sin, alors commandant la 1.re brigade de la division Le-
« fol, et pour affirmer les faits ci-dessus relatés, comme en
« ayant été le témoin oculaire.

« Signé : Chuffart (1).

« Pour copie conforme à l'original qui nous a été pré-
« senté.

« Le sous-intendant militaire,
« Signé : Lombard. »

Toutes les troupes étaient harassées et tombaient de fatigue et de besoin ; le repos, si chèrement acheté, était
devenu pour tous une nécessité. Le 3.e corps, la jeune
garde et la division Girard bivouaquèrent sur le champ de
bataille, où ils avaient si glorieusement combattu pendant
six heures consécutives, et notre état-major s'établit dans
le cimetière de Saint-Amand.

(1) Par une coïncidence bien extraordinaire, le général Corsin et l'in-
tendant Chuffart viennent de mourir le même jour et peut-être à la même
heure, le 18 juin de cette année, 1854, précisément le jour anniversaire
de Waterloo.

L'affection et la reconnaissance que j'avais conservées pour ces deux
hommes si bons, si honorables, les suivront au-delà du tombeau.

En revenant de transmettre différents ordres, je rencontrai le commandant en chef du 3.e corps au milieu d'un groupe d'officiers, qui se félicitaient de l'heureux résultat de la journée. Vandamme était gai, plaisantait et voyait l'avenir tellement en beau, qu'il jugeait déjà la campagne terminée à notre avantage. Dès qu'il me vit, il me dit de l'accompagner à son bivouac, et là, il me fit pour mon général le cadeau le plus précieux en pareille circonstance : ce fut une bouteille de bon vin et un canard cuit; jamais présent ne fut reçu avec autant de reconnaissance par mon oncle.

Des factionnaires furent placés autour du village, et nous pûmes reposer sur de la paille fraîche que l'on avait étendue dans le cimetière, en choisissant de préférence les endroits qui indiquaient que des morts y avaient été enterrés, et cela, afin de pouvoir nous servir, en guise d'oreillers, des petites buttes qui se trouvent toujours au-dessus des tombes.

Pendant cette nuit, notre sommeil fut souvent interrompu, soit par les plaintes des blessés, que l'on pansait autour de nous, soit par des patrouilles; mais sur-tout par une cause assez singulière qui mit tout le camp en émoi.

Auprès de notre bivouac était une petite cahutte que nous n'avions pas remarquée et qui renfermait un porc, dont la présence en cet endroit fut trahie par un grognement, que le factionnaire, placé près de là, entendit. Ce soldat ayant prévenu de cette circonstance ses camarades du poste, ceux-ci arrivèrent aussitôt, enfoncèrent la porte de la cabane, et sans prendre la peine de tuer d'abord ce pauvre animal afin de se le partager après, ils le dépecèrent tout vivant, ne s'occupant chacun qu'à choisir la partie qui lui convenait le mieux. Les cris de la victime, entendus au loin, occasionnèrent une véritable alerte.

La tête de ce porc échut en partage à notre état-major, et les soldats s'emparèrent du reste, qui fut pour eux un supplément à leur nourriture du jour, attendu qu'ils étaient déjà pourvus d'ailleurs, grâce à l'activité que notre bon commissaire des guerres, M. Chuffart, avait déployée la veille, pendant que nous nous battions à Saint-Amand, en trouvant, à force de recherches et de démarches, plusieurs bœufs qui furent abattus la nuit et qui servirent à reconforter nos soldats.

A trois heures du matin, le 17 juin, je fus réveillé sur l'ordre de Vandamme, afin d'aller à Ligny, à un quart de lieue de nous, pour faire rentrer à Saint-Amand notre batterie d'artillerie qui y avait été détachée la veille pour aider à écraser les Prussiens et terminer ainsi cette lutte acharnée. Arrivé à Ligny, je fus témoin d'un spectacle affreux, et qui n'a pas parcouru, comme moi, ce champ de bataille, ne saurait se représenter une pareille horreur, encore moins concevoir les émotions auxquelles on est exposé en pareil cas. Le village, auquel on avait mis le feu la veille, brûlait encore, grillant les blessés qui s'étaient réfugiés dans les maisons. Des monceaux de cadavres complétaient un tableau que n'ont peut-être jamais présenté les plus grandes guerres, car ici quatre mille soldats morts étaient entassés dans une très petite superficie ; les allées qui conduisaient à Ligny étaient tellement encombrées, que, sans être taxé d'exagération, je puis certifier que mon cheval trouvait difficilement le moyen d'éviter de marcher sur ces cadavres. Ce fut bien pis lorsqu'il fallut passer là avec les canons et les caissons, que j'étais allé chercher pour les ramener à Saint-Amand ; j'ai encore dans les oreilles le genre de bruit que produisait le passage des roues écrasant les crânes des soldats, dont les cervelles, mêlées avec des lambeaux de chair, se répandaient hideusement sur le chemin; peut-être même, parmi ces hommes étendus sur le sol, et que nous foulions aux pieds, y en avait-il dont le cœur battait encore!

Après ma mission remplie, je revins à mon bivouac, où je pus rester tranquille quelque temps. Vers les dix heures, étant encore étendu dans un état de somnolence, j'aperçus l'Empereur débouchant d'une petite rue, tellement jonchée de cadavres, qu'il dut s'y arrêter pour donner le temps de lui ouvrir un passage au travers de cette boucherie humaine. Lorsque ce chemin fut libre, il continua sa route, et il allait s'engager dans une ruelle, vis-à-vis de l'endroit où je me trouvais, lorsque, me levant lestement, je courus à lui pour le prévenir qu'il entrait dans une impasse; il revint sur ses pas, et s'arrêta un instant pour causer avec mon général, qui, l'ayant vu, accourait lui rendre compte des détails de la bataille. Napoléon, s'apercevant alors que mon habit était déchiré par l'effet du projectile qui avait enlevé mon épaulette, me félicita avec intérêt sur le danger auquel j'avais échappé. En s'en allant, il nous prescrivit de veiller aux blessés, et nous suivimes ses ordres avec un pieux empressement. En relevant un jeune soldat blessé à la tempe et auquel je donnai de l'eau, j'éprouvai l'émotion de le voir s'éteindre dans mes bras, en prononçant ces paroles touchantes : « Ma pauvre mère! »

Voici un fait dont je n'ai pas été témoin, mais que l'on raconte comme s'étant passé près de nous, au cimetière de Saint-Amand.

Le 37.ᵉ régiment de ligne, en se précipitant à la baïonnette sur un bataillon prussien, en avait fait un carnage affreux. Un jeune fourrier ayant reconnu parmi les morts de ce bataillon un de ses frères, horriblement mutilé, son désespoir fut tel, qu'il se brûla la cervelle sur le corps inanimé de son malheureux ami d'enfance ! Il était en effet couché sur lui, et nos soldats ne voulant pas les séparer, les réunirent tous deux pour jamais dans la même tombe. Ils reposent depuis dans le cimetière de Saint-Amand.

Dans cette journée du 16 juin, plusieurs anciens élèves du Prytanée de La Flèche furent tués, d'autres blessés, quelques-uns se distinguèrent d'une manière toute particulière. Voici leurs noms :

VALETTE, sous-lieutenant dans un régiment de ligne, du corps de Gérard, blessé à l'attaque de Ligny, se traîna comme il put dans une maison, où il trouva une mort cruelle, lorsque le soir l'incendie dévora le village.

RAJFER, sous-lieutenant dans la jeune garde, blessé à Saint-Amand, eut la fatale idée, pour se garantir du froid, de se couvrir avec la capote d'un prussien tué à ses côtés, lorsque, se trouvant sur le passage d'un régiment de cuirassiers français qui chargeaient l'ennemi, il fut pris pour un Prussien, et reçut un coup de sabre qui lui partagea le crâne.

Ce fut pendant cette charge, la dernière de la journée, que Blücher, commandant en chef de l'armée prussienne, fut culbuté et foulé aux pieds des chevaux, sans être vu par nos cuirassiers; par un bonheur inouï, il parvint, à la faveur de la nuit, à se sauver, quoique tout meurtri, en montant sur le cheval d'un dragon.

REVEST, capitaine au 64.ᵉ, s'étant laissé entraîner à poursuivre l'ennemi, lors de la prise de Saint-Amand, fut pris et emmené par plusieurs Prussiens, lorsque, préférant la mort au désespoir d'être fait prisonnier, il saisit le sabre d'un de ces étrangers, qui lui servit à se défendre jusqu'au moment où ses soldats, qui s'étaient aperçus de son absence, arrivaient à temps pour lui sauver la vie, car déjà il était criblé de blessures et allait succomber.

BON, porte-étendard d'un régiment de cuirassiers, fit des prodiges de valeur à l'attaque du village de Ligny, en entraînant ses soldats dans une charge dont le résultat fut un succès complet.

Bon était le fils du général de ce nom, qui fit la campagne d'Egypte avec Bonaparte, et qui commandait un des trois fameux carrés à la bataille des Pyramides.

NOEL, lieutenant adjoint à l'état-major du général Piré, commandant une division de cavalerie aux Quatre-Bras, en cherchant, avec plusieurs officiers d'état-major, à s'emparer d'un drapeau qui flottait au milieu d'un groupe de fantassins ennemis, fut grièvement blessé d'une balle qui lui traversa le corps. Abandonné sur le champ de bataille, son retour à Paris fut considéré comme un effet miraculeux de la Providence par ses camarades, qui l'avaient cru mort, et qui, en le revoyant, le reçurent avec des démonstrations de bonheur qui prouvèrent à quel point il était aimé d'eux.

Pendant la Restauration, Noël passa capitaine dans les grenadiers à cheval de la garde royale, et sous Louis-Philippe, il fut nommé colonel du 3.ᵉ régiment de chasseurs d'Afrique, qui fut constamment en campagne pendant les cinq ans et demi qu'il le commanda. Toujours le premier à donner l'exemple de l'activité et de la bravoure à ses soldats, lorsqu'ils allaient en expédition, Noël n'a laissé échapper aucune occasion de se distinguer; aussi son nom est-il souvent cité honorablement dans les ordres-du-jour et dans les bulletins de l'armée, par les généraux Négrier, Baraguey-d'Hilliers (1), duc d'Aumale et Bedeau, qui ont successivement commandé en chef la province de Constantine. Noël est aujourd'hui général de division et inspecteur-général de cavalerie.

(1) Entre mille traits de bienveillance et de désintéressement que l'on

D'après des documents que l'on dit être exacts, voici les pertes qu'éprouvèrent les deux armées pendant cette journée du 16 juin.

Savoir :

L'armée ennemie.

En tués. . . . .   9,148 ⎫
En blessés . . . 15,708 ⎭ 24,856.

L'armée française.

En tués. . . . .   4,930 ⎫
En blessés . . .   8,930 ⎭ 13,860,

Total des mis hors de combat . .   38,716.

Dans ce nombre ne sont pas comprises les pertes faites aux Quatre-Bras.

La disproportion que l'on remarque entre les pertes des armées prussienne et française provient de ce que les réserves de l'armée française furent tenues pendant toute la bataille hors de la portée du canon ; de ce que les 3.e et 4.^{e}

pourrait citer de la part du général Baraguey-d'Hilliers, aujourd'hui maréchal de France, et dont l'Ecole militaire conserve le souvenir, en voici un qui m'est personnel, et que, par gratitude, je ne veux pas laisser ignorer.

Lorsque, sous son commandement, je fus nommé Trésorier de l'Ecole, je dus fournir un cautionnement de 25,000 fr. ; mais comme l'entrée en jouissance de mon nouveau traitement ne devait compter que du jour où j'aurais réalisé ces fonds, le général, impatienté du retard que j'apportais à effectuer ce versement, vint me trouver, me conduisit chez lui, et là, ouvrant son secrétaire, il en retira 25,000 fr., qu'il me pria d'accepter comme prêt.

M. le maréchal Baraguey-d'Hilliers blâmera sans doute mon indiscrétion ; mais j'avoue que c'est autant par amour-propre que pour rendre justice à la vérité, que je rappelle cet acte de sa bonté à mon égard. D'ailleurs, si j'ai mal fait, mon excuse se trouvera dans la reconnaissance que je lui conserve.

Les pauvres de la commune de Saint-Cyr n'oublieront pas non plus la générosité dont il fit preuve à leur égard, dans tant de circonstances, lorsqu'il s'agissait de soulager leurs misères.

corps, qui étaient en première ligne, étaient masqués par des plis de terrain, tandis que l'armée prussienne était toute massée sur l'amphithéâtre qui va de Saint-Amand et Ligny aux hauteurs du sol. Tous les boulets de l'armée française qui manquaient les premières lignes, frappaient dans les réserves; pas un coup n'était perdu.

Pour notre part, dans le petit état-major de notre division, voici comment nous fûmes traités :

Le général de division Lefol eut son cheval tué sous lui, et, en tombant, il se fit une large blessure à la tête, ce qui ne l'empêcha pas de rester à son poste d'honneur.

Le général Corsin, commandant la 1.re brigade de notre division, reçut une forte contusion à la cuisse et eut trois chevaux tués ou blessés sous lui.

Le général Billard, commandant la 2.e brigade, fut mis hors de combat dès le début de la bataille.

Un officier d'état-major eut la cuisse traversée d'une balle et en mourut quelques jours après.

Un autre, dont un boulet tua le cheval, fut lancé contre un arbre et reçut une secousse si forte, qu'il resta sans connaissance sur le terrain pendant plus de deux heures.

Quant à moi, je fus effleuré par un biscaïen qui ne s'en prit qu'à mon habit.

Sur les quatre colonels commandant les régiments de notre division, un fut tué à bout portant : c'est le brave et jeune colonel Dubalen, atteint par dix balles; et deux autres furent blessés, celui du 15.e léger, et le colonel Fortier, du 37.e. Ce dernier, qui avait disparu tout le temps de la bataille, fut enfin trouvé étendu par terre derrière une masure, ce qui fit croire un instant qu'il s'était caché; mais une enquête eut lieu, qui le réhabilita, en faisant reconnaître que c'était un boulet qui avait été la cause de son évanouissement en rasant son visage.

Notre colonel d'état-major Marion eut le corps traversé par une balle le surlendemain 18 juin.

Ces pertes s'expliquent aisément par la manière dont on se battait alors. À Saint-Amand et à Ligny, c'étaient des combats corps-à-corps qui duraient des heures entières ; c'étaient des coups de fusils à bout portant, de la mitraille à cinquante pas, et même si l'on doit s'étonner de quelque chose, c'est que nous n'ayons pas eu plus de victimes.

En 1845, en allant passer quelques jours de congé à Gilly chez un de mes parents, directeur des mines dans ce pays, j'allai visiter le champ de bataille de Ligny qui est à deux lieues de là. À Fleurus je revis ce fameux moulin, maintenant presque détruit, que l'Empereur avait occupé une partie de la journée du 16 juin 1815, et où j'avais été envoyé en ordonnance plusieurs fois ce jour-là. En parcourant ces plaines, jadis si animées, aujourd'hui si calmes, mille souvenirs saisissants se croisèrent dans mon esprit. À Saint-Amand je ne reconnus que l'église et le cimetière ; les arbres et les maisons qui existaient autrefois avaient disparu, d'autres les remplaçaient mais rangés différemment.

En m'arrêtant sur le lieu même de ce verger dont j'ai parlé, il me semblait que je foulais aux pieds les cendres de ce malheureux colonel Dubalen, que j'y avais vu tomber. Je reconnaissais l'endroit où l'Empereur m'avait parlé, plus loin la place où mon général avait failli être tué, et autour de moi les scènes affreuses qui s'y étaient passées. En suivant, seul au monde, par un temps calme et magnifique, entre Saint-Amand et Ligny ce chemin, que, juste trente ans auparavant, j'avais parcouru au milieu des milliers de cadavres, je trouvai deux poteaux à certaine distance l'un de l'autre ; on avait écrit sur l'un, « Tombeau de Ligny », et sur l'autre, « Bon Dieu de miséricorde. » Déjà plein des émotions que cette excursion avait éveillées en moi, la vue de cette simple et touchante inscription d'une âme pure, et qui disait tant à mon imagination dans un pareil moment, fit couler de mes yeux d'abondantes larmes qui me soulagèrent, et je quittai cette fois pour toujours ces lieux dont je conserverai éternellement le souvenir.

Le 17 juin 1816 au matin, l'Empereur confia au maréchal Grouchy le commandement d'un corps d'armée de 35,000 hommes, afin de poursuivre l'armée prussienne et de compléter sa défaite. Notre division en faisait partie.

Nous nous dirigeâmes vers midi sur Gembloux, où nous arrivâmes le soir. Jamais soldats ne passèrent une nuit plus affreuse. Toute la journée avait été sombre et pluvieuse ; vers le soir la pluie tomba par torrents, à tel point, qu'en marchant, nos fantassins avaient de l'eau jusqu'à mi-jambe ; l'artillerie avançait difficilement, et les chevaux se tiraient à peine de ce terrain détrempé. Notre division devait cependant bivouaquer autour de la ville, privée d'abri et de nourriture ; aussi, le lendemain nos soldats avaient-ils l'air de déterrés. Plus heureux qu'eux, les officiers de notre état-major logèrent en ville sans pour cela avoir pu prendre du repos ; ainsi, pour mon compte, je fus envoyé plusieurs fois en ordonnance pendant cette cruelle nuit.

L'ordre du mouvement ne fut donné le 18 juin, jour de la bataille de Waterloo, que vers les dix heures du matin. Nous formions la tête de la colonne du corps de Vandamme, et lorsque nous eûmes dépassé d'une lieue le village de Sart-à-Walhain, nous restâmes, autant que je puis me le rappeler, une heure ou deux à faire la soupe ; repas qui fut payé cher par les conséquences fatales que l'armée et la France en retirèrent. C'est pendant ce temps qu'entendant le bruit du canon vers notre gauche, mon général m'envoya prévenir de ce fait Vandamme qui, à son tour, m'ordonna de partir, bride abattue auprès de Grouchy pour l'instruire de cette circonstance. Je trouvai le maréchal à Sart-à-Walhain, dans un château appartenant à M. ***, et lorsque j'arrivai à lui, il était devant une table, consultant des cartes, tandis que les officiers de son état-major mangeaient des fraises. J'ignore si le maréchal avait été déjà prévenu de la nouvelle que je lui apportais, mais ce que je puis affirmer, c'est qu'aussitôt après m'avoir entendu, il donna l'ordre de monter à cheval. Je me souviens que plusieurs officiers coururent dans le jardin et appliquèrent leurs oreilles sur la terre pour se rendre compte de la direction du canon ; un instant après la canonnade de Waterloo se faisait entendre avec une telle violence que la terre semblait être ébranlée.

Un historien qui a écrit sur cette campagne de 1815 avec un grand talent et une impartialité remarquable, et qui m'avait demandé des détails sur la coopération de notre division pendant cette journée du 18, a cependant interprété d'une manière trop défavorable pour le maréchal Grouchy, quoique sans intention hostile contre lui, ce que je lui avais dit à propos de l'incident dont je viens de parler. Il semblerait, d'après lui, que si le maréchal a apporté de la mollesse et de l'indécision dans cette circonstance, c'est parce qu'il s'était oublié à manger des fraises à Walhain. C'était pourtant bien naïvement, avec réserve et sans arrière-pensée, que je lui avais rendu compte de ce que j'avais vu. En campagne, l'officier comme le soldat, se nourrit de ce qui lui tombe sous la main, trop souvent il ne peut pas choisir ; à Walhain, il mangeait des fraises,

parce que, probablement, il n'avait pas trouvé une nourriture plus substantielle, et qui, certes, eût convenu davantage
à son estomac.

Trop jeune alors pour juger sainement les événements,
à plus forte raison pour me permettre de les critiquer, je
ne recevais mes impressions que par ce qui se passait sous
mes yeux ; aussi, sans m'inquiéter du jugement des autres
à l'égard du maréchal Grouchy pendant cette campagne ;
ne me laissant influencer que par les antécédents de cet
illustre homme de guerre, ai-je conservé l'idée la plus
haute de son caractère, pour l'activité que je l'ai vu déployer ce jour-là, en se multipliant de manière à veiller
par lui-même à tous les mouvements qu'il ordonnait. Son
fils, alors son aide-de-camp, et aujourd'hui général de division, le secondait avec une ardeur telle, qu'on ne voyait
que lui partout. Cet hommage que je me plais à rendre à
la vérité, est d'autant plus désintéressé que je n'ai pas
l'honneur de connaître M. le général Grouchy.

Nous suivîmes le maréchal, qui se porta à la tête de son
corps d'armée, et je rejoignis notre division qui, dans ce
moment, était engagée avec un fort parti de Prussiens à un
endroit nommé Labaraque, entre Sart-à-Walhain et Wavres.

Nous ne savions à quel corps d'armée ennemi nous
avions affaire et quel était le nombre de nos adversaires,
lorsqu'un soldat nous dit qu'un homme venait de tomber
tout près de nous ; nous nous dirigeâmes aussitôt vers l'endroit indiqué, et nous trouvâmes un tout jeune officier prussien, qui venait d'être blessé à la cuisse. Il était comme
perdu dans les blés, très hauts à cette époque de l'année.
Le général Lefol l'interrogea en allemand pour connaître
les forces qui nous étaient opposées, et lorsque nous fûmes
amplement renseignés nous quittâmes ce jeune homme sans
avoir le temps de le faire porter à l'ambulance ; seulement

je restai un peu en arrière de notre état-major pour lui jeter mon mouchoir qu'il parut accepter avec reconnaissance, et dont il se servit aussitôt pour bander sa plaie.

Que sera devenu ce pauvre enfant? aura-t-il été retrouvé par les siens qui ont dû repasser le lendemain dans cet endroit, ou sera-t-il mort sans secours? C'est ce que j'ignore.

Nous continuâmes notre marche en avant à la poursuite de l'ennemi, lorsque mon général s'apercevant que plusieurs de nos tirailleurs s'étaient avancés trop près d'un bois occupé par un parti de Prussiens, m'envoya les prévenir de rebrousser chemin. A peine étais-je à leur hauteur, qu'il partit de la lisière de ce bois une vive fusillade qui tua quatre hommes autour de moi, et qui blessa même mon cheval au sabot. De retour de cette petite expédition, je rencontrai le général Corsin et notre chef d'état-major, le colonel Marion, auxquels je rendais compte de ce qui venait d'arriver, quand, tout-à-coup, je vis tomber à la renverse ce dernier que je reçus dans mes bras. Une balle venait de le blesser grièvement en lui traversant le corps d'outre en outre. Le colonel ayant eu encore la force de me prier de ne pas l'abandonner, je pris avec moi quatre sapeurs qui improvisèrent un brancard et qui le transportèrent hors de la portée du feu de l'ennemi. Je voulus donner à ces braves soldats une pièce d'or que j'avais retirée de la poche de M. Marion, mais ils la refusèrent en me disant qu'ils n'avaient fait que leur devoir. Un chirurgien pansa à la hâte le blessé auquel il fit des deux côtés du corps de fortes incisions, et, l'ayant fait mettre dans la carriole de notre cantinière qui avait débarrassé sa voiture de toute sa marchandise, je le conduisis à Walhain, précisément dans la chambre où deux heures auparavant j'avais été trouver le maréchal Grouchy. La maison était déjà encombrée de blessés, mais cela n'empêcha pas le propriétaire, ainsi que ses deux charmantes filles, de donner tous les soins désirables au colonel. Dans cette pièce, se trouvait aussi, je ne sais comment, M. Fulque-d'Oraison, alors lieutenant d'état-major comme moi, aujourd'hui général, qui eut la bonté de nous aider à installer notre blessé.

Le colonel Verdier du 23.ᵉ de ligne, profitant de la circonstance qui m'éloignait momentanément de la division, m'avait chargé de la conduite d'une trentaine de prisonniers que son régiment venait de faire; mais comme je ne pouvais les surveiller, puisque je n'avais personne avec moi, ces hommes s'éparpillèrent et disparurent bien vite, les uns en se cachant, les autres en cherchant à regagner leur corps.

Quelques instants après notre arrivée dans le château de M. ***, le général Gérard, commandant le 4.ᵉ corps, ayant été atteint par une balle, y fut amené, et je dus lui céder la pièce qu'occupait mon blessé, que j'installai dans un petit couloir, la seule place qui fût libre. Mais aussi ne voulant pas laisser échapper l'occasion qui se présentait d'être utile au colonel Marion, je priai le chirurgien en chef qui accompagnait le général Gérard de venir le visiter, afin de me dire ce qu'il pensait de sa position. Après avoir sondé la plaie, il me regarda de manière à me faire comprendre que c'était un homme perdu, qu'il n'y avait aucune ressource pour le sauver.

Le colonel, qui avait le sentiment de son état, me donna ses bijoux, sa montre, son argent, et un portrait de femme qu'il portait sur sa poitrine; il me confia aussi son domestique et ses chevaux, et, après m'avoir encore remercié, il me fit signe d'aller rejoindre mon poste, que j'avais peut-être quitté légèrement pour ne pas le laisser exposé à mourir, faute de soin, sur le champ de bataille.

Je le laissai donc là, en le recommandant de nouveau à

ses hôtes, et je retournai vers notre division qui était engagée à Wavres, en annonçant sa mort comme devant être certaine. Heureusement il n'en fut rien, car deux mois plus tard, étant à l'armée de la Loire, à Tulle, je lui écrivis au hasard, voulant savoir positivement ce qu'il était devenu, et voici la copie de sa réponse que j'ai conservée :

« Sart-à-Walhain, le 18 septembre 1815.

« Mon cher Charles, j'ai reçu votre lettre du 10 août
« dernier, et je vous remercie. Je suis maintenant très
« bien rétabli et prêt à monter à cheval. Faites-moi l'ami-
« tié de témoigner à nos camarades de l'état-major com-
« bien j'ai été sensible à l'intérêt qu'ils ont pris à mon in-
« fortune. Vous êtes trop modeste, mon cher ami, je vous
« ai les plus grandes obligations, et je n'oublierai jamais
« l'attachement que vous m'avez marqué dans cette cir-
« constance.

« En me faisant transporter sitôt mon effroyable bles-
« sure à Walhain, vous m'avez sauvé la vie. Après votre
« départ j'ai été pris d'une hémorrhagie qui a demandé les
« plus grands soins.

« J'ai reçu des nouvelles de mes chevaux et autres petits
« intérêts ; vous avez tout fait pour le mieux. Je ne sais,
« mon ami, quand il me sera permis de rentrer en France,
« car je suis retenu prisonnier par ma parole d'honneur ;
« pour des hommes de notre profession, c'est une barrière
« infranchissable. Je prie votre oncle, auquel j'écris, de
« vous témoigner toute ma reconnaissance. Si vous voulez
« me donner de vos nouvelles, je les recevrai toujours avec
« un plaisir nouveau.

« Adieu, Charles, dites-moi quelque chose de votre état-
« major et des troupes que vous commandez.

« Tout à vous, votre ami pour la vie,

« Signé, Baron MARION. »

Quelques mois après notre retour de l'armée de la Loire, je revis à Paris le colonel Marion, et je reçus de lui des témoignages d'affection en souvenir du service que je lui avais rendu. Désigné pour commander le 20e de ligne, il partit en 1830 avec son régiment pour l'Afrique, et depuis ce temps je n'ai plus entendu parler de lui; je crois qu'il est mort quelque temps après, étant en retraite, avec le grade de général de brigade.

Mais revenons à notre journée du 18 juin. Croyant quitter pour toujours le colonel Marion, je rejoignis notre division à Wavres, où le combat, commencé depuis quatre heures du soir, continua avec une violence égale de part et d'autre jusque fort avant dans la nuit; le général ennemi Thielman nous opposa une vive résistance, mais il fut battu, après toutefois nous avoir fait perdre beaucoup de monde.

Le 19, après avoir pris un peu de repos, nous fûmes de nouveau attaqués vigoureusement à trois heures du matin, et nos troupes se battirent avec tant de bravoure que nous restâmes encore maîtres du terrain, sans que ce succès nous fût profitable, car la jonction de notre corps avec l'armée que commandait Napoléon n'était plus possible. C'était le matin du 18 et non le soir du même jour que nous eussions dû arriver devant Wavres, pour de là gagner le champ de bataille de Waterloo, où notre coopération eût décidé la victoire à notre avantage. L'Empereur l'avait compris ainsi, mais ses ordres, ou n'étaient pas parvenus à temps à Grouchy, ou bien n'avaient pas été interprétés comme il le fallait par le maréchal, qui ne mit en mouvement son corps d'armée, de Gembloux qu'à dix heures, lorsqu'il aurait dû le faire partir de cette ville à la pointe du jour. C'est à ce retard, ainsi qu'un repos que nous prîmes près Walhain, que l'on doit sans doute attribuer les malheurs de cette néfaste journée.

A l'attaque du petit hameau de Bielan, près Wavres, une malheureuse femme qui avait eu l'imprudence de sortir de sa maison, pour nous voir défiler, reçut une balle dans les reins, et vint tomber presque sous les pieds de mon cheval, en poussant des cris affreux. C'est à cet endroit que nous eûmes le plus de monde à regretter, attendu que nous fûmes, pendant plus d'un quart-d'heure, exposés au feu à mitraille de l'ennemi, qui avait sur nous l'avantage de la position du terrain.

A cinq heures, après avoir emporté Bielan et toutes les hauteurs au-delà de Wavres, le maréchal Grouchy ordonnait de poursuivre l'ennemi et de marcher dans la direction de Bruxelles, lorsqu'il reçut, par des officiers que l'Empereur lui envoyait, la nouvelle de la perte de la bataille de Waterloo, et l'ordre de faire sa retraite sur Namur, ce qu'il commanda immédiatement.

Le soir notre corps d'armée bivouaqua près de Gembloux, et le lendemain nous nous dirigeâmes sur Namur, suivis par l'ennemi qui avait commis la faute impardonnable de nous laisser prendre une avance de deux lieues sur lui. Ce ne fut qu'à trois quarts de lieue avant d'arriver à Namur, près du village de Fallise, que nous fûmes atteints et attaqués. Le général Lefol se doutant que nous allions être chargés par une masse de cavalerie qui nous suivait de près, n'eut que le temps de faire former le carré à un régiment au milieu duquel nous nous réfugiâmes; mais à peine ce carré était-il créé, que la cavalerie ennemie l'avait déjà attaqué avec un certain avantage, car sans un petit bois voisin où nos troupes se précipitèrent en désordre, ce qui empêcha les Prussiens de poursuivre leur succès, nous étions sabrés impitoyablement.

En nous ralliant de l'autre côté de ce bois, le général s'apercevant qu'il lui manquait deux canons que, dans notre fuite, l'on avait laissés embourbés au milieu d'un taillis, donna l'ordre aussitôt qu'on allât les retirer, et je fus désigné pour accompagner les hommes à cette expédition. Après des efforts inouïs, inquiétés en même temps par des coups de pistolets que nous envoyaient les cavaliers ennemis, nous pûmes ramener ces deux pièces aux cris de joie de nos braves soldats.

Vandamme ayant reçu l'ordre de défendre Namur pour faciliter la retraite de son corps d'armée, fait d'abord gagner une avance à la cavalerie et aux blessés sur la route de Dinant, qui forme un défilé non interrompu le long de la Meuse ; toutes les portes, les ponts du côté de l'ennemi sont aussitôt barricadés, et les remparts se garnissent de canons, de sorte que les Prussiens qui s'avancent reçoivent un feu à mitraille dont les effets, quoique désastreux, ne les empêchent pas de nous poursuivre à travers la ville (1), en cherchant à nous devancer ; mais ils ne peuvent arriver assez tôt aux faubourgs que nous avions gagnés et où ils se trouvent arrêtés par des barricades et d'énormes morceaux de bois garnis de paille et enduits de poix, que l'on avait entassés autour de la porte de fer, la dernière de la ville, qui s'embrasa dès que nous l'eûmes franchie. Dès-lors notre retraite put s'effectuer sans obstacle jusqu'à la frontière. A neuf heures les Prussiens occupèrent Namur.

L'armée ennemie, avec plus d'activité qu'elle n'en mit, devait nous devancer à Namur, et nous barrer facilement

(1) Mes compagnons d'armes d'alors doivent se rappeler comme moi, avec un sentiment de reconnaissance mêlé d'admiration, le dévouement des dames de Namur qui, bravant les balles de l'ennemi pendant notre traversée dans la ville, venaient jusqu'au milieu de nos rangs en désordre, nous apporter des vivres.

le passage de manière à faire prisonnier tout notre corps d'armée : aussi pouvons-nous nous féliciter de l'avoir échappée belle.

Pendant cette journée les pertes de l'ennemi et les nôtres furent très-sensibles.

Notre retraite se fit heureusement jusqu'à Paris, où notre corps d'armée arriva sans avoir perdu une seule pièce de canon.

Les débris de Waterloo, réunis au corps de Grouchy, comptaient encore sous les murs de la capitale soixante-quinze mille hommes, dont quinze mille de cavalerie. Cette armée fut confiée au maréchal Davoust, prince d'Eckmühl. Le général Reille eut sous ses ordres les 1er, 2e et 6e corps réunis en un seul, et Vandamme s'étant retiré, le général Lefol prit le commandement des 3e et 4e corps, également réunis en un seul.

Notre quartier-général alla s'établir à Montrouge, où l'on se mit en mesure pour soutenir une nouvelle lutte, si les circonstances l'eussent décidée. C'est pendant ce temps que le général Excelmans, commandant la cavalerie au 3e corps, fut envoyé à Rocquencourt avec le 44e de ligne, pour terminer par un coup d'éclat cette guerre de quelques jours. Ce combat fut le dernier livré sous l'Empire.

La capitulation de Paris ayant été conclue, l'armée se mit en marche le 5 juillet, pour se rendre sur la rive gauche de la Loire ; le quartier-général du prince d'Eckmühl fut établi le lendemain au château de la Source-du-Loiret, de l'autre côté d'Orléans, et notre corps d'armée prit position dans les villages d'Olivet, de Saint-Privé, de Saint-Mesmin, etc. Les Prussiens, suivant de près notre mouvement, occupèrent Orléans et s'étendirent à droite et à gauche sur la rive opposée à celle que tenait l'armée française.

Le maréchal ayant chargé le général Lefol de défendre

le pont d'Orléans et toute la rive gauche de la Loire, des travaux de défense furent ordonnés et commencés de suite sur toute la ligne que nous occupions, et des factionnaires furent placés à l'entrée du pont. Ces mesures étaient commandées par la prudence et dans la prévision de quelque surprise de la part des Prussiens; l'ordre même était donné de faire sauter le pont dans le cas où les Alliés tenteraient le passage.

Nous restâmes dans cette position environ quinze jours, sans savoir ce que nous deviendrions. Le désœuvrement, l'ennui, l'inquiétude gagnaient l'armée et commençaient à provoquer la désertion parmi nos soldats, lorsque le 14 juillet, le prince d'Eckmühl fit convoquer, au château de la Source, tout ce qu'il put réunir d'officiers généraux et supérieurs pour leur communiquer une adresse de soumission au roi, rédigée par le colonel Garrion Nisas, au nom de l'armée. Cette rédaction fut adoptée à une forte majorité, mais avec un sentiment d'indifférence qui se peignait sur tous les visages. Cette séance terminée, le maréchal ayant commandé un dîner qui fut dressé dans une des grandes pièces du château, nous nous mîmes à table, tous pêle-mêle, sans que cette diversion aux idées tristes qui s'étaient emparées de tout le monde, pût dérider le front des convives; car jamais repas ne fut plus monotone, la plupart des plats restèrent intacts. A la fin du dîner, le maréchal se leva et nous dit : « Messieurs, aujourd'hui finit ma vie de soldat, je n'ai plus maintenant qu'à m'en aller planter mes choux. »

Le lendemain, le prince d'Eckmühl envoyait au roi sa démission de commandant en chef de l'armée de la Loire, en laissant des instructions au général Lefol, toujours chargé de la défense de la rive gauche de ce fleuve. Le maréchal duc de Tarente remplaça le maréchal Davoust.

Pendant notre séjour dans ces cantonnements, la plus grande distraction des soldats était d'aller se baigner; les Prussiens qui occupaient la rive opposée de la Loire faisaient de même; de ce rapprochement il résultait des quolibets et des injures que s'envoyaient réciproquement ces militaires, toujours ennemis malgré l'amnistie. Un jour que nos soldats, plus en train que de coutume, avaient ajouté à leurs propos certains gestes indécents en tournant le dos à leurs adversaires, ceux-ci, à qui la plaisanterie ne plut pas, allèrent prendre leurs fusils, en faisceaux auprès d'eux, et se donnant pour point de mire ces sortes de figures que leur présentaient nos soldats, ils lâchèrent la détente de leurs armes sans heureusement causer le moindre accident; seulement leurs balles allèrent labourer les vêtements de nos hommes, qui se sauvèrent sans prendre le temps de s'habiller, et courent encore, tant ils furent effrayés. Nous apprîmes depuis que les Prussiens qui s'étaient permis cette petite licence passèrent à un conseil de guerre.

Enfin le 22 juillet 1815 nous reçûmes l'ordre de quitter nos cantonnements pour nous diriger par étapes vers les départements de la Creuze, de la Corrèze, du Lot, etc. L'on a dit à ce sujet que pendant nos marches, les soldats pillaient, dévalisaient les voyageurs sur les grandes routes, et commettaient mille autres désordres; cela est encore un insigne mensonge, car malgré le découragement qui avait gagné la plupart des militaires, malgré l'incertitude du sort qui nous était réservé, la conduite qu'a tenue l'armée dans cette circonstance a été admirable de dignité; un fait unique, très grave, il est vrai, a eu lieu, et encore a-t-il été amoindri par le repentir de ses auteurs. Voici à quelle occasion.

Pendant un séjour que nous fîmes à Châteauroux, j'avais

été désigné pour aller à Bourges chercher la solde de notre état-major, lorsque, pour une raison dont j'ignore le motif, l'on envoya à ma place mon camarade, le capitaine George, aide-de-camp du général Corsin. Le lendemain de son arrivée à Bourges, mon collègue, qui était allé de grand matin recevoir cet argent, revenait à son logement avec les deux hommes qui portaient les sacoches, lorsqu'au détour d'une rue il fut attaqué par deux soldats ivres qui tombèrent sur lui en le blessant de plusieurs coups de sabre, à la tête, aux bras et au corps. Tombé sans connaissance sur le pavé, il allait sans doute succomber, lorsque des passants, attirés par le bruit de cette scène, arrivèrent, se saisirent des deux militaires et firent porter à l'hôpital mon pauvre camarade, qui nous revenait quelques jours après avec notre argent intact; il était encore tout meurtri et portait son bras en écharpe.

Les soldats auteurs de ce meurtre furent condamnés par le conseil de guerre a être fusillés; ils furent exécutés sans avoir voulu qu'on leur bandât les yeux et en témoignant le plus grand repentir. Quelque temps après, lorsque nous étions à Tulle, qui fut notre dernier cantonnement, nous prélevâmes chacun sur la solde que nous avait sauvée notre camarade, de quoi faire l'acquisition d'un joli fusil de la manufacture de la ville, et nous le lui offrîmes comme un témoignage de notre bonne affection et de notre gratitude.

Puisque j'en suis à défendre l'armée de la Loire contre toutes les calomnies qui ont été répandues sur son compte dans ces pénibles circonstances, je ne dois pas oublier de rappeler un fait qui, mis en opposition avec la conduite que l'on a tenue à son égard, fera ressortir une fois de plus le tort inqualifiable dont le gouvernement de la Restauration s'est rendu coupable en maltraitant comme elle l'a fait ces hommes de cœur si dignes de considération par leur dévouement héroïque au pays.

A notre passage à Bourganeuf, département de la Creuse, la duchesse d'Angoulême, qui rentrait en France, y arriva en même temps que nous. Dès que cette nouvelle fut connue dans la ville, plusieurs officiers, mus par un sentiment honorable de convenance, s'empressèrent d'aller à sa rencontre pour lui offrir leurs hommages ; mais la princesse, que le malheur rendait injuste, au lieu d'agréer avec bonté cette démarche naïve des braves militaires, les reçut avec une telle froideur que ceux-ci s'éloignèrent aussitôt, le cœur navré, mais sans laisser échapper la moindre plainte ; seulement, quelques soldats présents à cette visite ne purent s'empêcher de murmurer contre ce dédain déplacé de la duchesse d'Angoulême.

De pareils sentiments, exprimés si loyalement par l'armée, devaient-ils lui attirer ultérieurement toutes les vexations dont elle a été victime ?

Tulle, chef-lieu de la Corrèze fut la ville où l'état-major de notre corps d'armée s'installa. C'est de là que nous envoyâmes à chacun des régiments composant les divisions de notre corps, et répandus aux environs dans un rayon de quinze à vingt lieues, l'ordre du licenciement de l'armée ; il s'accomplit dans le commencement du mois de septembre avec un ordre parfait ; tous les officiers et soldats rentrèrent dans leurs foyers, en donnant l'exemple de la soumission et de la modération.

Mis en demi-solde comme tous mes camarades de l'armée de la Loire, j'allai rejoindre ma famille ; mais bientôt, abreuvé de dégoûts et d'amertume, brutalisé en quelque sorte par les autorités d'alors, et traité de brigand, comme le furent tous les officiers de cette malheureuse et immortelle armée, je donnai de dépit ma démission, abandonnant une carrière qui m'offrait des chances si favorables, pour entrer comme fonctionnaire civil à l'Ecole de Saint-Cyr que l'on recréait alors, et où je n'ai pas cessé d'être employé depuis ; aussi suis-je maintenant le doyen des fonctionnaires de toutes les Ecoles militaires de France.

Je compte deux campagnes sous l'Empire, quarante-deux ans de services sans interruption, dont trente-neuf à Saint-Cyr, et tout-à-l'heure il y aura *quarante ans* que l'Empereur m'a donné la croix de simple légionnaire.

Je suis, il est vrai, porté sur le tableau de l'inspection générale pour le grade d'officier de la Légion-d'Honneur ; aussi plusieurs de mes anciens camarades, devenus presque tous généraux, semblent-ils ne plus douter que cette proposition, mise en regard de mes anciens et nouveaux titres, ne me fasse enfin obtenir la rémunération de mes longs services, distinction que déjà, depuis quatre ans, notre Empereur actuel, Napoléon III, avait manifesté l'intention de m'accorder lorsque la formalité indispensable de la présentation serait remplie.

Quoi qu'il arrive, je ne continuerai pas moins de remplir, toujours avec le même zèle, ces fonctions de confiance que j'exerce depuis si longtemps à cette Ecole qui fut en quelque sorte mon berceau, et que je ne quitterai, je l'espère, dans quelques années encore, qu'en y laissant pour héritage à mon fils (aussi employé à l'École) une réputation honorable et à l'abri de tous reproches.

Saint-Cyr, le 1.er octobre 1854.

LEFOL.

Le général Lefol, pendant cette guerre si courte de 1815, déploya une énergie, une activité remarquable, et donna des preuves de la science militaire qu'il possédait à un si haut degré. Bien qu'il eût le pressentiment de l'issue funeste de cette campagne, les fautes qu'il voyait commettre le mettaient hors de lui, et dans plusieurs circonstances il ne put s'empêcher de les signaler hautement.

Le 18 juin son opinion était que le corps de Grouchy ne devait pas rester, comme il l'a fait, pendant une ou deux heures dans l'inaction. Si cet avis, qui du reste était conforme à celui qu'avait émis son illustre ami le général Gérard, eût été suivi préférablement à celui de Vandamme qui, par fatalité, a prévalu, la bataille de Waterloo eût été pour nous, et Dieu sait ce que la France y aurait gagné.

Le général Lefol est mort à Vitry-le-Français, sa ville natale, en 1840. Je ne puis mieux exprimer les regrets causés par cette perte, qu'en copiant le discours prononcé sur sa tombe devant la majeure partie de la population de la ville, qui s'était fait un devoir d'assister à cette pieuse et triste cérémonie.

Voici ce discours, qui lui tiendra lieu de biographie :

« Encore une des gloires de la France qui remonte aux
« lieux de sa céleste origine. Le général Lefol, l'orgueil
« et l'honneur de notre patrie, n'est plus! Fils de ses
« œuvres, ses vertus guerrières l'élevèrent aux plus hauts
« grades. Il était de ce temps où la faveur et l'intrigue ne
« plaçaient pas un homme, de cette génération de héros
« dont il fallait pourtant se distinguer pour avoir le droit
« de leur commander.

« Tout le monde ici sait ce qu'il fit à Connewitz, à Ar-
« cis-sur-Aube, et sur tant d'autres champs de bataille. A
« la bataille de Fleurus, au village de Saint-Amand il
« arrêta, avec seulement quatre mille hommes, les efforts

« de toute une armée ennemie ; aussi son nom est-il inscrit
« en caractères ineffaçables sur l'Arc-de-Triomphe de
« l'Étoile.

« De hauts faits d'armes ne marquèrent pas seuls sa
« carrière militaire ; ses talents administratifs l'avaient
« appelé aux états-majors, où l'œil du maître sut le dis-
« tinguer. Il suivit sa fortune et tomba avec lui : c'est là
« un des beaux traits que l'on puisse vanter de sa vie, il
« ne voulut point servir sous un gouvernement qui reniait
« la gloire de la France, et sous lequel on assassinait juri-
« diquement le brave des braves, le maréchal Ney, son
« ami, et obscurément le maréchal Brune.

« Jetons un voile sur cette époque sanglante de notre
« histoire ; faisons seulement remarquer que, lorsque des
« jours heureux vinrent à luire sur notre belle France,
« lorsqu'éclata la révolution de juillet, et que les conqué-
« rants de l'Europe purent, sans être traqués comme des
« bêtes fauves, montrer leur front brillant de l'éclat de
« cinquante victoires, le général Lefol, ce caractère taillé
« à l'antique, qui pouvait tout, parce qu'il avait gardé sa
« vertu intacte, loin d'user de représailles contre les agents
« d'un gouvernement qui l'avait persécuté, détourna de
« sa main puissante l'orage qui grondait sur leur tête, et
« les maintint tous en place. Aussi la sienne était-elle
« marquée à la tête de la garde nationale de Vitry, et
« certes, l'on peut dire qu'elle en tira plus de lustre qu'elle
« ne lui en ajouta.

« Rappelez-vous ses commandements ; avec quelle faci-
« lité il se prêta à son organisation. Combien de fois n'a-
« vez-vous pas admiré ce vieux général, qui avait com-
« mandé tant de valeureux soldats, redevenir simple
« officier pour vous exercer aux manœuvres, prendre un
« fusil pour vous en apprendre le maniement, et montrer

« qu'après avoir su faire les grandes choses, il n'avait pas
« l'orgueil de dédaigner les petites.

« Vous tous qui l'avez connu, vous sur-tout, admis à
« l'honneur de son intimité, dites combien son commerce
« était facile, ses vertus domestiques touchantes, ses rela-
« tions sociales précieuses. Venez donc tous, à sa dernière
« heure, donnez des larmes à sa cendre, et gardez son
« image dans vos cœurs, en attendant que vous en déco-
« riez nos monuments publics. Hélas ! c'est la stricte im-
« mortalité que nous accordons aux héros !!! »

Versailles. — Imp. de MONTALANT-BOUGLEUX, 6, avenue de Sceaux.

www.ingramcontent.com/pod-product-compliance
Lightning Source LLC
Chambersburg PA
CBHW051550050726
47595CB00002B/725